길이 내게 물었다
그분을 보았냐고

길이 내게 물었다
그분을 보았냐고

정미경 지음

바이북스
ByBooks

김장환 목사님의 권유로 시작한 극동방송 금요칼럼을 책으로 묶었습니다. 방송이 나가는 동안 칼럼이 너무 좋다고 책으로 만들면 좋겠다는 제안을 여러 차례 받았지만 용기를 내지 못했습니다. 그리고 고민과 곡절 끝에 책이 출간되었습니다. 세상일에는 그리고 하나님의 섭리에는 다 때가 있는 것 같습니다.

칼럼을 준비하면서 개인적으로 많은 변화가 있었습니다. 어쩜 금요일은 그렇게 빨리 돌아오는지요. 그리고 방송이 끝나면 다시 다음 주 칼럼의 내용을 무엇으로 할지 고민하고 하나님께 여쭈었습니다. 자연스럽게 하나님께 더욱 더 집중하는 계기가 되었습니다.

길을 잃었다고 생각했을 때, 낙망한 마음에 흔들릴 때, 이 칼럼을 통해 다시 주님을 만났습니다. 칼럼의 테마는 항상 같았습니다. 다시 하나님께로, 다시 성경으로 돌아가자, 당면한 문제들을 어떻게 받아들이고 해결해야 할지 다각도로 생각하고, 자료를 찾아보고, 성경에서 확인하는 작업을 수없이 반복하면서 이 칼럼의 내용들이 만들어졌습니다. 그 시간들은 오롯이 하나님 한 분을 생각하면서 그분과 대화하는 마음으로 써 내려갔습니다.

이제는 책으로 많은 분들과 만나고 싶습니다. 하나님을 만나셨다면, 아, 나랑 똑같은 생각이네 하시면서 읽어주실 것이고, 하나님을 과거에 만나셨지만 지금은 길을 잃으셨다면 다시 하나님께로 돌아오는 기회로 삼아주실 것이고, 하나님을 아직 만나지 못하셨다면, 이 책을 통해 그분을 만날 계기가 되길 소망합니다.

책이 나오기까지 수많은 분들의 도움이 있었습니다. 무엇보다 방송을 시작하도록 해주신 김장환 목사님께 감사의 말씀을 드립니다. 그리고 녹음을 함께 하며 여러 가지 조언을 주시고 도와주신 국장님들, 책을 출판하도록 응원해주신 공부영 이사님, 그리고 극동방송 식구들, 마지막으로 책을 예쁘게 만들어주신 윤옥초 대표님 정말 고맙습니다.

2부

링컨의 야망

최고의 취임연설

4부

다윗의 유언

1부

청라언덕의
유래를
아시나요?

봄의 교향악이 울려 퍼지는 청라언덕 위에 백합필 적에
나는 흰나리꽃 향내 맡으며 너를 위해 노래 노래 부른다

뒤늦게 어릴 때의
기도 응답을 받다

초등학교 때 공부는 늘 1, 2등이었지만 육성회비를 제때 내지 못해서 앞에서 손들고 벌서던 아이가 나였습니다. 그 시절에도 몇몇을 빼고는 대부분 운동화 정도는 신고 다녔는데, 나는 고무신을 신은 여자애였습니다.

비가 오면 철떡거리면서 신발이 벗겨지기 일쑤였습니다. 여지없이 남자애들이 뒤따라 다니면서 놀려댔습니다. 그래서 새벽에 학교에 갔고, 늦게 집으로 왔습니다. 내가 걷는 것을 남이 보게 해서는 안 된다는 게 내 작전이었습니다. 걸을 때도 땅만 보고 걸었습니다.

주일학교에서 성경퀴즈대회를 하면 늘 1등은 내 차지였습니다. 집안 형편상 살 수 없었던 백설공주 그림이 있는 스프링 연습장, 그걸 가질 수 있는 기회였기에 놓칠 수 없었습니다. 어려운 집안형편으로 늘 우울했습니다. 우울한 어린아이, 어디에 있어도, 무엇을 해도 즐겁지 않았습니다.

또 매일 술 없이 잠을 드시지 못하는 아버지를 어린아이가 감당하기에 너무 무거웠습니다. 교회에서 기도시간에 혹시라도 누구 들을까 봐 조용히 구석에서 기도했습니다. 하나님이 계신지 안 계신지 그건 알 수 없었고, 하소연하고 싶었습니다.

"하나님,
저는 나중에 커서 술 먹지 않는 남자랑 결혼할래요.
술 먹고 우는 남자는 더 싫어요."

그게 내 기도였습니다. 응답을 원해서 한 기도도 아니었습니다. 그저 힘드니까 한 기도였습니다. 그리고 세월은 흘렀고 저는 성장했고, 어릴 때 한 그 기도도 기억 속에서 사라졌습니다. 나중에 결혼을 한 뒤 남편으로부터 자기는 선천적으로 술을 먹지 못하고 술을 먹게 되면 온몸에 빨갛게 두드러기가 난다는 사실을 알게 되었을 때, 주일학교에서 했던 내 기도가 떠올랐습니다. 아, 나는 잊었었는데, 하나님은 잊지 않으셨구나, 우리 하나님은 이런 분이십니다.

당시에는 이해가 안 되고, 힘들고 원망하게 되지만, 지나고 나면 깨닫게 되고, 지나고 나면 하나님께 엎드리게 됩니다. 하나님이 얼마나 좋으신 분인지 알게 됩니다. 매번 감사로 바뀝니다. 그리고 고백하게 되지요, 욥의 고백처럼 말입니다.

　　나의 가는 길을 오직 그가 아시나니
　　그가 나를 단련시킨 후에는 내가 정금같이 나가리라

　오늘은 저와 함께 〈욥기〉를 다시 읽어보심 어떠실까요?

기적은
믿는 자에게만 일어난다

'기적은 기적을 믿는 자에게만 일어난다.'

어린 시절 책에서 읽고, 멋진 말이구나 했습니다. 자라면서, 바로 제가 기적을 원하고 기적을 믿는 사람이라는 것을 발견했지요. 하나님을 만나면 기적이 일어난다는 김장환 목사님의 이야기에 전폭적 지지를 보내는 것도 그 이유에서입니다.

미국의 화가, 예수님의 초상화로 유명한 워너 솔맨은, 결혼하고 바로 석 달밖에 살지 못한다는 의사의 말을 듣게 됩니다. 절망했을 그 마음이 그냥 느껴집니다. 그때 사랑하는 아내로부터 이런 말을 듣게 됩니다.

"3개월밖에 못 산다고 생각하지 말고, 하나님이 3개월을 선물

〈Head of Christ〉 _워너 솔맨

로 주셨다고 생각합시다. 하나님께 감사해요, 우리."

아내의 말에 정신을 차리고 감사하면서 그림을 그리기 시작했습니다. 그 유명한 〈Head of Christ〉라는 예수님의 초상화를 마지막이라고 생각하고 그렸습니다. 그런데 3개월이 지나도 죽지 않는 겁니다. 이상해서 병원에 갔더니 그 병이 사라졌다는 의사의 말을 듣게 되지요.

그리고 놀란 의사에게 말해줍니다. 감사라는 약을 먹었다고요. 참으로 놀라운 이야기입니다. 들을 때마다 행복해지는 간증입니다.

갑자기 돌아가신 아버지가 떠오릅니다. 의사로부터 아버지가 말기암으로 6개월밖에 사시지 못한다는 말을 들었을 때, 그 절망감은 제가 침대에서 일어나지 못할 정도였습니다. 어머니도 저와 같은 상태였는데도, 그래도 어머니는 새벽기도 하러 교회에 가셨지요. 그리고 식사 준비하고, 빨래하고, 늘 하던 일을 하셨습니다. 기도하는 어머니가 그렇게 위대해 보일 수 없었습니다.

그리고 기적처럼 아버지는 우리 곁에서 1년 6개월을 더 사셨습니다. 아버지를 천국으로 보내고, 어머니와 저의 대화입니다.

"아니 내가 2년만 내 곁에 있게 해달라고 하나님께 기도했는데, 어쩜 이럴 수가 있니. 날짜를 세어보니 딱 2년 만에 돌아가셨구나."

"아니 엄마 왜 2년이라고 하셨어요. 하나님께 20년이라고 말씀드리지 왜 2년이라고 했어요."

"그때는 6개월이라고 하니 너무 급하고 무서워서 2년만 달라고 매달렸지, 후회가 되네."

그때부터 제가 배운 것은 '기도할 때 진짜 잘해야 하는구나.'입니다. 어머니를 위한 제 기도는 이렇습니다.

'하나님, 하나님이 제일 사랑하는 우리 엄마, 하나님이 선택해서 저에게 주신 엄마, 100살까지 건강하게 제 곁에서 함께 있게 해주세요.'

저를 낳지는 않았지만, 사랑으로 저를 길러주신 어머니 고맙습니다. 하나님, 좋은 어머니 주셔서 감사합니다. 제가 좋아하는 《성경》 구절을 찾아봅니다.

데살로니가전서

(5:16) 항상 기뻐하라

(5:17) 쉬지 말고 기도하라

(5:18) 범사에 감사하라

이 말씀을 하루 종일 입에 달고 사는 하루가 되시길 기도드립니다.

아펜젤러 선교사의 일기장

1886년 7월 24일은 토요일이었습니다. 그날엔 어떤 일이 있었을까요? 아펜젤러 선교사의 일기장에 이렇게 되어 있습니다.

"콜레라로 인해 도시 여기저기에 무서운 참상이 벌어지고 있다. 조선사람들의 무관심 때문에 정확한 통계를 내기가 어렵다. 내 개인교사 송씨의 말에 의하면 어젯밤에 151명이 죽어서 서대문 밖으로 나갔다고 한다. 그 전날 밤에는 200명 죽은 시체는 이 문을 통해서만 내보내게 되어 있고 동대문 밖으로 내보내는 경우는 거의 없는 일이다. 서울과 그 주변 마을에서 매일 죽는 사람이 500명가량이 되는 것 같다. 흐느낌과 울부짖는 소리로 가득 차 있는 분위기이다."

당시 우리나라의 상황을 잘 보여주고 있습니다. 지금의 모습을 그 당시 사람들이 상상이나 했었을까요? 모든 것이 하나님의 은혜입니다. 오로지 주님만 바라보고 주님께 자신의 모든 것을 내어드리고 헌신한 선교사들을 생각해봅니다.

아펜젤러 선교사는 복음을 가르치고 전하는 것을 목적으로 했습니다. 배재학당을 만든 이유이기도 합니다. 교사로 활동하신 분들은 대부분 미국에서 오신 선교사들이었습니다. 미국에서도 우수한 대학을 졸업한 실력파였고 젊은 분들이었습니다. 학생들은 서양의 자유민주주의 정신, 기독교 정신을 빠르게 흡수할 수 있었습니다. 아펜젤러의 뜨거운 신앙은 이승만의 영혼을 녹여 이승만에게 전해졌습니다. 모든 것이 주님의 은혜입니다. 생각할수록 기적이었고, 하나님께 감사의 기도를 올릴 수밖에 없는 대목입니다.

아펜젤러는 27살에 결혼하고 그 아내와 함께 조선에 오셔서 44살의 나이에 배 사고로 서해바다에 잠드셨습니다. 17년간의 선교사로서 온 생애를 조선에 바쳤던 것입니다. 그분의 첫 기도는 되뇌이면 되뇌일수록 감격스럽습니다. 1885년 4월 5일 일기에 쓰여 있는 대로 제물포에 상륙하여 드린 첫 기도입니다.

"우리는 부활절 아침에 이곳에 왔습니다.

그날 사망의 권세를 이기신 주께서

이 백성을 얽어맨 결박을 끊으사

하나님의 자녀로서의 자유와 빛을 주시옵소서."

'아멘'이 절로 나오시지요. 그런 의미에서 오늘은 조선에 처음 오셨던 선교사님들을 생각해보심 어떠실까요? 그러면 우리의 힘든 삶에도 하나님의 역사하심과 하나님의 은혜를 알게 되는 힘나는 시간들이 되지 않을까요? 오늘도 힘차게 하루를 시작해봅니다.

최초의 아들과 어머니 선교사

아펜젤러와 함께 조선으로 들어오신 분들, 스크랜턴 모자가 있습니다. 아들 윌리엄 스크랜턴은 어머니 메리 스크랜턴 신앙의 영향을 받은 사람이었습니다. 의사였고, 의료선교사의 꿈을 가지고 있던 중, 병에 걸려 눕게 되었습니다. 그 당시 그의 고백입니다.

> "하나님, 나의 병이 회복되는 대로 의료선교사로 자원하여 내
> 지혜와 경험을 하나님께 바치겠습니다."

병이 낫자 하나님께 한 약속을 실천하기로 마음먹고 조선에서 일할 의료선교사로 지원합니다. 조선에 들어와 병원을 만들고, 길에 버려진 전염병 환자들, 고아들을 돌보는 일에 헌신하게 됩니다. 그의 어머니 메리 스크랜턴 또한 아들과 함께 조선으

로 들어와서 역사상 최초로 아들과 어머니 선교사 가정이 탄생하게 됩니다.

그녀가 남긴 고백입니다.

"우리가 거리로 나가 여인들이 있는 곳으로 가까이 다가가려고 하기만 하면 그들은 재빨리 문을 닫거나 휘장 속으로 숨어버렸고 아이들은 목청껏 소리를 지르며 도망쳤습니다. 우리가 그들의 마음을 얻었는지 알 수 없지만 확실한 것은 그들이 우리 마음을 얻어 우리가 그들에게 축복된 존재가 되려는 마음이 점점 강해졌다는 것입니다.

내가 하는 일이 이 땅의 사람들 마음에 들든지 안 들든지 나는 이 땅의 사람들을 사랑하기로 마음먹었습니다."

바로 이분이 이 땅에 최초의 여성교육기관인 이화학당을 만들어내신 분이시지요. 하나님은 사람을 통해서 일하시고, 선교사들 마음에 하나님의 사랑을 품게 하시고, 결국 대한민국에 그 사랑의 씨를 심어놓으셨다는 사실에 감사가 흘러넘치게 됩니다. 이제 이 씨앗을 저 북녘땅으로 보내는 일에 함께하기로 다짐하는 오늘입니다.

《성경》을 찾았습니다.

사도행전

(1:8) 오직 성령이 너희에게 임하시면 너희가 권능을 받고 예루
살렘과 온 유대와 사마리아와 땅 끝까지 이르러 내 증인이 되리
라 하시니라

주님의 증인이 되길 바랍니다.

윌리엄 스크랜턴　　　　　메리 스크랜턴

청라언덕의 유래를
아시나요

봄의 교향악이 울려 퍼지는 청라언덕 위에 백합필 적에

나는 흰나리꽃 향내 맡으며 너를 위해 노래 노래 부른다

기억나시나요? 바로 1922년에 탄생한 대한민국 최초의 가곡 〈동무생각〉입니다. 작곡가 박태준 선생님의 첫사랑 이야기를 시인 이은상 선생님이 가사를 쓰고, 거기에 곡을 만들었다고 합니다.

청라언덕 유래를 아시나요? 19세기 말 대구에 정착한 기독교 선교사들은 대구 읍성의 동쪽 언덕을 사들여 그곳에 교회와 여러 채의 주택을 짓습니다. 그리고 여기를 동쪽 언덕 동산이라고 했습니다. 붉은 벽돌의 서양식 주택에 담쟁이를 심었고 그 푸른 담쟁이가 올라가는 이곳을 청라언덕이라고 불렀습니다. 대구 경북

지역의 최초의 개신교회 대구제일교회가 이곳에 있지요.

　박태준 선생님은 바로 이곳 청라언덕에서 교회로 가
는 여학생을 멀리서 바라만 보고 말도
한번 건네지 못한 채 헤어졌습니다.
그 사연으로 탄생한 작품이 〈동무
생각〉입니다.

청라언덕,
이은상 시인의 〈동무생각〉 비

　4월에 대구에서 그것도 월드컵경
기장에서 드리는 부활절 연합예배에 많은 분들의 관심이 모아지
고 있습니다. 대구에서 코로나 이후 처음 열리는 연합예배인 만
큼 많은 기도가 필요할 때입니다. 저도 대구에 직접 가서 부활절
연합예배를 위한 준비예배에 참석하여 기도하고 있습니다.

　기도하는데, 자꾸 엘리야와 바알 선지자의 대결이 떠오릅니다.
〈열왕기상〉 18장 통쾌한 하나님의 대승리가 그려지지요.

열왕기상

(18:36) 저녁 소제 드릴 때에 이르러 선지자 엘리야가 나아가서

말하되 아브라함과 이삭과 이스라엘의 하나님 여호와여 주께서

이스라엘 중에서 하나님이신 것과 내가 주의 종인 것과 내가 주

의 말씀대로 이 모든 일을 행하는 것을 오늘 알게 하옵소서

(18:37) 여호와여 내게 응답하옵소서 내게 응답하옵소서 이 백성

에게 주 여호와는 하나님이신 것과 주는 그들의 마음을 되돌이키

심을 알게 하옵소서 하매

(18:38) 이에 여호와의 불이 내려서 번제물과 나무와 돌과 흙을

태우고 또 도랑의 물을 핥은지라

다가오는 4월에는 대구에서, 청라언덕에서, 월드컵 경기장에

서 하나님께 기도하고 찬양하고 예배드리는 하루를 만들어보시

면 어떠실까요?

하나님은 대한민국을
사랑하고 계신다

미국 대통령들의 목사로 알려진 빌리 그레이엄 목사님이 타계했을 때, 우리 언론은 어떤 반응을 보였을까요? 찾아보았습니다. 놀라운 것은, 기독교 계통의 신문이 아닌 유력한 신문에서 정치적인 논평을 해온 유명한 언론인이 이 종교지도자에 대하여 쓴 칼럼을 보고 많이 놀랐습니다.

그의 1973년 여의도 집회에 가보지 못했지만 그 못지않게 컸던 1980년 여의도 집회에는 가봤다. 그의 설교는 논리적인 설득보다 마음에 불을 지피는 것이었다. 말 한 단락이 끝나기도 전에 김장환 목사의 통역이 따발총처럼 이어졌다. 나중에 세계침례교총회장까지 된 김 목사가 유명해진 것은 1973년 집회의 통역을 맡으면서부터. 하지만 거꾸로 미군 부대 하우스 보이 출신인 그의 유창한 통역이 없었다면 설교의 감동은 훨씬 덜했을 것이다.

미국의 영적 지도자였기 때문에 세계 정치에도 영향을 미칠수밖에 없었던, 개신교 역사상 가장 위대한 설교자 중 한 사람이 하나님 품으로 돌아갔다. 어떠신가요? 세상도 아나봅니다. 빌리 그레이엄 목사님을 떠올리는 순간 김장환 목사님을 떠올리게 되는 그 지점을요.

아무튼 빌리 그레이엄 목사님에 대하여 세상이 평가하는 쉬운 지표는 이것입니다. 여론조사기관 갤럽이 선정하는 '가장 존경받는 인물' 톱10에 1955년부터 2016년까지 총 60회 선정돼, 이 분야의 최고기록 보유자라는 것입니다.

그러나 무엇보다도 저에게 가장 놀라웠던 것은 바로 이 대목입니다.

"한국전쟁이 발발하자 빌리 그레이엄 목사는 트루먼 대통령에게 다음과 같은 내용의 전보를 쳤다. '수백만 미국의 기독교도들은 국가가 위기에 처한 지금 대통령께 지혜를 주시라고 하나님께 기도드립니다. 공산주의자들에게 지금 이 순간 맞서야 한다고 강력하게 주장하는 바입니다. 한국은 세계 어느 곳보다 기독교도 신자의 비율이 높은 나라입니다. 그들이 공산주의자들에 의해 쓰러지도록 허락할 수는 없는 일일 것 입니다."

세상에나, 한국전쟁에 미국이 개입하게 된 숨은 이유가 여기에 있었다니 정말 소름이 돋았습니다. 도대체 미국사람들에게 한국 이라는 나라가 어디 있는지도, 이름도 들어보지도 않았을 때였는 데, 어떻게 빌리 그레이엄 목사님은 한국을 구해달라고 하는 이 런 기적 같은 일이 벌어졌을까요?

저는 검사의 직업병으로 증거를 찾기 위한 추적을 해봅니다. 찾았습니다. 그레이엄 목사님의 부인, 루스 그레이엄 여사였습니 다. 사모님은 중국 의료선교사였던 아버지를 따라 중국에 있었고, 외국인학교가 있는 평양으로 유학을 왔다고 합니다.

당시는 일제 강점기였고, 그때의 평양은 제일의 기독교 도시였 지요. 빙고. 사모님은 학창시절을 보냈던 그 한국을 가슴에 담고 있었을 터이고, 당연히 남편에게 영향을 주었겠지요. 역사를 만 들어가시는 하나님의 움직임을 보게 됩니다. 하나님은 대한민국 을 사랑하신다는 또 하나의 증거입니다. 걱정할 일이 없습니다. 그저 사랑하고 사랑하면 되겠습니다.

이스라엘 성지순례를 꼭 해보고 싶은 이유

돈과 능력과 소질까지 완벽하게 허용된다면, 무엇을 만들어보고 싶으신가요? 저에겐 노아의 방주입니다. 저와 같은 생각을 한 사람이 있었나 봅니다. 미국 켄터키주에 성경 그대로 노아의 방주를 재현해서 전시하고 있다고 합니다. '《성경》에 쓰인 대로 만들면 만들어질까?' 하는 어릴 때 생각들 때문에 가능하구나에 놀랐고 그래서 꼭 한번 가보고 싶습니다.

당장은 사진으로 만족해야 했는데, 일단 그 크기에 놀랍습니다. 방주의 크기는 길이 135미터, 폭 22미터, 높이 13미터로써 길이는 45층 건물의 높이만큼 되며, 높이는 4~5층 건물의 높이만큼 됩니다. 저는 미국의 항공모함을 한번 타본 적이 있는데, 그 항공모함 정도는 아니지만 항공모함 수준일 수 있겠다 싶습니다. 항공모함처럼 거의 도시 하나를 옮겨놓은 듯한 그런 모습

아닐까요?

갑자기 이스라엘 성지순례가 떠오릅니다. 꼭 가야지 하는 통곡의 벽. 언제쯤 가게 될까, 어떤 방식으로 가게 될까, 누구랑 함께 가게 될까? 늘 기대하면서, 기도하면서, 하나님께서 묻고 있습니다. 가장 좋은 때에 가장 좋은 방식으로 하나님이 보내주시리라 확신하면서 말입니다.

그런데 이렇게 기도하게 된 사건이 있었습니다.

오늘날의 김장환 목사님을 있게 하신 분, 칼 파워스(Cral L. Powers) 상사를 기억하시나요? 20대의 미군 청년이 10대의 한국 소년을 미국으로 데려가 공부시키고 헌신한 그 사람, 85세를 일기로 하나님 곁으로 간 칼 파워스에 대하여 목사님께서 하신 말씀이 있습니다.

그분이 돌아가시기 전 이스라엘 성지순례를 함께하셨다고, 이스라엘의 요단강에서 파워스 씨에게 세례를 주었다고. 그 순간 눈물이 나더라고. 이야기를 듣던 저도 눈물이 날 뻔했습니다. 아마 이때부터였나 봅니다. 꼭 이스라엘 성지순례를 해야지 다짐한 것이, 그리고 그렇게 제 기도 제목이 되고 말았습니다.

아직 성지순례를 하지 못하셨다면, 아예 기도제목으로 정하시고, 계획을 짜보심 어떠실까요? 그리고 이 찬송가 당연히 불

참 아름다와라 주님의 세계는
저 솔로몬의 옷보다 더 고운 백합화
주 찬송하는 듯 저 맑은 새소리
내 아버지의 지으신 그 솜씨 깊도다

러야겠지요.

참 아름다와라 주님의 세계는
저 솔로몬의 옷보다 더 고운 백합화
주 찬송하는 듯 저 맑은 새소리
내 아버지의 지으신 그 솜씨 깊도다

성지순례를 가는 날까지 기도는 그치지 않을 겁니다.

조선땅에 묻힌
복음의 씨앗

지난주에는 권호욱 담임목사님의 목동제자교회 35주년 기념 예배가 있었습니다. 극동방송 이사장이신 김장환 목사님께서 특별설교를 해주셨지요. 그 말씀 중에 우리 모두를 울컥하게 만들었던 이야기가 있었습니다. 양화진 외국인 선교사 묘역에 가끔 들르시는데, 가장 눈길을 끌었던 묘비가 있다고요.

"If I had a thousand lives to give, Korea should have them all.(만일 나에게 바칠 수 있는 천 개의 목숨이 있다면, 그것은 모두 조선을 위해 바쳐질 것이다.)

바로 그 주인공이 루비 캔드릭 선교사입니다. 텍사스 출신 20대 젊은 여성이 1907년 홀로 조선 땅에 와서 10개월도 채 살지 못하고 풍토병으로 순교합니다. 과연 그녀에게 주어졌던 하나님의 뜻은 무엇이었을까요?

그녀가 죽기 전 부모님께 보냈던 편지가 전해집니다.

"이곳 조선 땅에 오기 전 집 뜰에 심었던 꽃들이 활짝 피어났다는 소식을 들었을 때 오늘은 종일 집 생각만 했습니다. 이곳 조선은 참 아름다운 곳입니다. 모두들 하나님을 닮은 사람들 같습니다. 선한 마음과 복음에 대한 열정으로 보아 아마 몇십 년이 지나면 이곳은 주님의 사랑이 넘치는 곳이 될 것 같습니다. 저는 복음을 듣기 위해 20km가 더 되는 길을 맨발로 걸어오는 어린아이들을 보았을 때 그들 안에 있는 하나님의 사랑 때문에 오히려 위로를 받습니다.

그러나 한편에서는 탄압이 점점 심해지고 있습니다. 그저께는 주님을 영접한 지 일주일도 안 된 서너 명이 끌려가 죽었고, 토마스 선교사와 제임스 선교사도 순교했습니다. 선교 본부에서는 철수하라고 지시했지만 대부분의 선교사들은 그들이 전도한 조선인들과 아직도 숨어서 예배를 드리고 있습니다. 그들은 모두가 죽을 작정인가 봅니다.

오늘밤은 유난히도 고향으로 돌아가고 싶습니다. 외국인을 죽이고 기독교를 증오한다는 소문 때문에 부두에서 저를 끝까지 말리셨던 어머니의 얼굴이 자꾸 제 눈앞에 어른거립니다. 아버지, 어머니! 어쩌면 이 편지가 마지막일 수도 있을 것 같습니다. 제가 이곳에 오기 전 뒤뜰에 심었던 한 알의 씨앗으로 인해 이제 내년이면 온 동네가 꽃으로 가득하겠죠? 그리고 또

루비 캔드릭 선교사

다른 씨앗을 만들어내겠죠?

저는 이 속에 작은 씨앗이 되기로 결심했습니다. 제가 씨앗이 되어 이 땅에 묻히게 되었을 때 아마 하나님의 시간이 되면 조선 땅에는 많은 꽃들이 피고 그들도 여러 나라에서 씨앗이 될 것입니다. 저는 이 땅에 저의 심장을 묻겠습니다. 바로 이것은 조선에 대한 제 열정이 아니라 하나님의 조선을 향한 열정이라는 것을 알게 되었습니다.

어머니 아버지 사랑합니다."

결국 이 소식이 알려지고 텍사스 남감리교회 청년부에서 20명의 청년들이 선교사로 조선으로 오게 됩니다.

《성경》을 찾아봅니다.

요한복음

(12:24) 내가 진실로 진실로 너희에게 이르노니 한 알의 밀이 땅에 떨어져 죽지 아니하면 한 알 그대로 있고 죽으면 많은 열매를 맺느니라

열매를 맺기 위해 죽는 씨앗을 묵상해봅니다.

하나님의 사랑을
듬뿍 받고 있다는 확신

"여자는 약하다. 그러나 어머니는 강하다." 많이 들어보셨지요? 《레미제라블》로 알려진 프랑스 최고의 작가, 정치인, 시인 빅토르 위고가 한 말입니다. 최고의 인물에게 늘 그렇듯이 빅토르 위고에게도 주목할 만한 사연이 있습니다. 가장 사랑했던 딸이 강에서 익사하게 됩니다. 그녀의 죽음 앞에서 아버지인 위고는 오열합니다.

"내 죄악에 대한 하늘의 심판이다. 천하의 죄인인 나의 죽음이다."

그리고 그토록 딸이 원했던 소원대로 하나님의 품으로 돌아옵니다. 처절하게 회개하고 반성하면서, 문란했던 생활들, 하나님을 멀리하고 방탕했던 삶을 정리합니다. 완전히 새사람이 되어 결국 많은 사람들의 존경과 사랑을 받는 위대한 인물이 되는 것이지요.

그가 '더 일찍 이렇게 회개하고 깨달았더라면 사랑하는 딸이 죽지 않았을 텐데…' 하는 안타까움에 또 성경을 찾게 됩니다.

누가복음

(17:3) 너희는 스스로 조심하라 만일 네 형제가 죄를 범하거든 경고하고 회개하거든 용서하라

빅토르 위고는 사랑에 대하여 우리에게 많은 말을 해주고 있습니다. 가난한 사람들에 대한 사랑이 지극하였고, 마지막 유언에도 가난한 이들을 위해 5만 프랑을 남긴다고 했습니다. 또 이렇게 말했습니다. 인생에 있어 최고의 행복은 우리가 사랑받고 있다는 확신이 들 때라고요.

사람으로부터 사랑받고 있다는 확신이 들 때가 최고의 행복이라는데, 그렇다면 하나님으로부터 사랑받고 있다는 확신이 든다면 어떨까요? 비교가 안 되겠지요. 하나님께 가까이 더 가까이 가야겠습니다.

오늘도 하나님의 사랑을 듬뿍 받고 있다고 확신하는 하루가 고맙습니다.

밀린 십일조를 하자

십일조를 하시나요? 저는 늦게 결혼을 했는데 다행히도 바로 아이를 갖게 되었습니다. 기뻤습니다. 감사했습니다. 그런데 생각조차 못한 일로 괴로워하는 일이 생겼습니다. 세상 사람들이 지나가는 말로 하는, 쉽게 들을 수 있는, 딸들은 엄마 팔자 따라간다는 이 말 때문이었습니다. 이 말이 한번 귀에 꽂히자 두려움이 저를 감싸기 시작했습니다. 제 동생을 낳다가 돌아가신 엄마 때문이었습니다. 저도 엄마처럼 혹시 아이를 낳다가 잘못되면 어떡하나 이 생각이 저를 병들게 할 정도였습니다.

누구에게도 털어놓을 수가 없었습니다. 하루하루 기도하면서 버티는 정도였습니다. 한번은 남편에게 털어놓고 도움을 청했는데, 처음에는 진지하게 위로해주다가 나중에는 귀담아듣지 않았습니다. 괜한 걱정을 사서 한다며, 하늘이 무너질까 걱정하는 사람으로 놀리기 시작했습니다.

아이를 갖게 되면 아이의 얼굴은 누굴 닮게 해달라고, 공부 잘하게 해달라고, 훌륭한 사람 만들어달라고 기도해야 하는 것이 보통인데, 저는 무조건 살려달라고 기도했습니다. '하나님, 아이와 저 우리 두 사람 꼭 살려주세요. 저 이제 결혼해서 행복한데, 아이를 낳다가 죽게 되면 이건 아닌 거잖아요.' 이것이 저의 기도였습니다.

그렇게 몇 달이 지났고 이제 출산의 순간이 다가왔습니다. 제왕절개 수술을 위해, 수술대에 누웠고, 간호사로부터 마취를 하려고 한다며 하나 둘 숫자를 세라고 했습니다. 그 짧은 순간 '아, 이제 영영 깨어나지 못할 수도 있구나.' 하는 생각이 들자, 재빨리 하나님께 기도하기 시작했습니다.

만약 그런 일이 생기면 천국에 가야 하는데, 하나가 걸렸습니다. 십일조만 아니면 천국에 갈 것 같았습니다. '하나님, 밀린 십일조는 남편에게 받으시고 저 천국 가게 해주세요.' 그리고 저는 마취로 의식을 잃었습니다. 누군가 저를 흔들면서 그만 울라고 깨우는 겁니다. 순간 "아이는요?" 하고 물었더니, 아이는 건강하고 예쁘다는 소리에 눈물을 펑펑 쏟고 말았습니다. 그 뒤로 저는 십일조를 합니다. 지금 생각해보면 웃음이 나오지만 그때는 꽤 심각했습니다.

하나님은 여러 가지 방법으로 우리를 약하게 하시고, 깨닫게 하시고, 강하게 만드십니다.

말라기

(3:10) 만군의 여호와가 이르노라 너희의 온전한 십일조를 창고에 들여 나의 집에 양식이 있게 하고 그것으로 나를 시험하여 내가 하늘 문을 열고 너희에게 복을 쌓을 곳이 없도록 붓지 아니하나 보라

십일조 혹시 잊으셨나요. 그럼 밀린 십일조를 하시는 건 어떠실까요?

엘리야의 외투,
엄마의 외투

    살아계실 때 많은 분들의 존경과 사랑을 받으셨던 유명한 목사님 중 한 분이셨습니다. 그 목사님이 돌아가시자 그 집은 매매 대상이 되었는데, 우연히 그 집을 사게 되어 현재도 살고 계신 분과 식사를 하게 된 적이 있었습니다.

    너무도 부럽기도 하고 흥미롭기도 해서 계속 질문할 수밖에 없었습니다.

    "혹시 크리스천이신가요? 어떻게 매입하게 되신 건가요? 그 집에서 살게 된 이후에 모든 일이 평안하신가요?"

    그분 이야기를 종합해보면, 기독교인도 아니고, 부동산에서 유명하신 목사님 댁이었다고 하니까, 두 번도 돌아보지 않고 물건 값을 흥정하지도 않고 바로 매입했다는 것입니다. 지금도 이 집을 사게 된 것을 감사하게 생각한다고, 그리고 가끔 목사님이 섬겼던 그 교회예배에 참석도 한다고 했습니다.

이 이야기를 들으면서 '우연이 아니구나. 결국 집을 통해서 그 가족들이 하나님을 믿게 되겠구나.' 생각했습니다. 덧붙이면 이분은 아들의 간이식을 통해서 새 삶을 살게 되었노라고 산전수전 간전까지 경험했노라고 농담하시는 분인데 하나님이 살려주셨음을 막연하게 깨닫고 계신 듯했습니다.

집으로 돌아오면서 엘리야와 엘리사가 떠올랐습니다.

열왕기상

(19:19) 엘리야가 거기서 떠나 사밧의 아들 엘리사를 만나니 그가 열두 겨릿소를 앞세우고 밭을 가는데 자기는 열두째 겨릿소와 함께 있더라 엘리야가 그리로 건너가서 겉옷을 그의 위에 던졌더니

엘리야의 외투를 걸친 엘리사는 얼마나 흥분되고, 떨렸을까요? 마구마구 상상이 가시나요? 목사님의 집에서 엘리야의 외투까지 너무 빠르게 갔나요.

제게는 저를 위해서 평생 새벽기도를 하시는 어머니 권사님이 계십니다. 지금은 80이 넘으셨는데도 기도는 계속되지요. 세

"하나님, 이 딸이 많이 힘들어하는데,
저는 뭘 해줄 수가 없어요. 제가 부족하고 모르는 게
너무 많아서 딸이 힘든 걸 해결해줄 수가 없어요.
하나님이 대신 해주세요.
오직 제게는 주님밖엔 없으니 어떡해요."

상에서 너무 힘들고 지쳐 집으로 돌아오면 엄마에게 푹 쓰러진 적이 있습니다.

"지금 빨리 기도해주세요."

그럼 엄마가 제 등을 두드려주시면서 기도해주십니다.

"하나님, 이 딸이 많이 힘들어하는데, 저는 뭘 해줄 수가 없어요. 제가 부족하고 모르는 게 너무 많아서 딸이 힘든 걸 해결해줄 수가 없어요. 하나님이 대신 해주세요. 오직 제게는 주님밖엔 없으니 어떡해요."

엄마의 기도, 저는 참으로 행복한 사람입니다. 나중에 엄마의 외투는 제 것이겠지요. 조금 쑥스럽기도 하지만, 오늘은 엄마에게 사랑한다고 안아드리려고요.

죄는 미워하되
사람은 미워하지 말라?

세월이 흘러 20년도 넘은 이야기가 되어버렸습니다. 처음 검사로 임용되었을 때, 저에게 배당된 첫 번째 구속사건이었습니다. 그래서 더더욱 또렷이 기억합니다. 성폭행사건, 그것도 친부가 친딸을 성폭행한 사건이었습니다.

그때 제 맘속을 채워버린 질문은 바로 이거였습니다. 범죄 자체가 미운 건지 아니면 범죄를 저지른 사람이 미운 건지에 대한 근본적 의문이었습니다.

책에서는 죄는 미워하되 사람은 미워하지 말라고 되어 있고, 그렇게 배워왔는데, 현실에선 영 그게 아니었습니다. 죄는 밉지 않는데 사람이 미워지는 것 그것이 문제였습니다. '같은 인간으로서 도저히 상상조차 할 수 없는 범죄를 저지른 자에 대한 분노, 사람은 용서할 수 있지만 악인을 용서할 수 있는가?'였습니다.

검사는 감정을 통제하고 냉정해져야 하는 사람인데, 검사이기 이전에 사람 정미경으로서는 특히, 감정이입이 잘되는 저로서는 감정의 균형잡기가 어려웠습니다.

사건은 법대로 처리했지만, 인간으로서 그 딸들을 보호해줄 수 있는 방법은 결국 기도밖엔 없었습니다.

'하나님, 아이들을 이 세상으로부터 악인으로부터 보호해주세요.'

지금까지 지나온 삶을 돌아다보면 모든 것이 주님의 은혜였습니다. 《성경》을 늘 읽게 만드셨고, 묵상하게 만드셨고, 주님께 집중하도록 만드셨습니다. 제가 읽는 게 아니었습니다. 은혜였습니다. 참 좋으신 하나님이십니다.

시편

(97:10) 여호와를 사랑하는 너희여 악을 미워하라

로마서

(12:21) 악에게 지지 말고 선으로 악을 이기라

잠언

(25:26) 의인이 악인 앞에 굴복하는 것은 우물이 흐려짐과 샘이
더러워짐과 같으니라

오늘은 하나님 안에서 세상을 이기는 방법을 하나님께 질문해
보시는 하루로 만들어보시면 어떠실까요? 오늘도 좋은 하루 신
나는 하루가 고맙습니다.

기도가 만든 기적

이제는 오래된 일이 되어버렸지만, 아직도 생생한 사건이 있습니다. 사기죄로 법정 구속된 목사님의 변호인이 된 적이 있었습니다. 법률전문가의 입장에서도 목사님이 억울하다는 판단이 섰고, 신앙적으로도 분명 하나님의 뜻이 있을 거라는 믿음이 있었습니다.

반드시 무죄를 받아내야 했습니다. 처음 그 목사님을 뵈러 구치소에 접견을 갔는데, 교도관들이 목사님을 함부로 대할 것 같아 걱정이 되어 이런저런 생각 끝에 꾀를 내었습니다. "목사님 일어나셔요, 저를 위해서 축복기도를 해주세요." 하면서 목사님의 손을 잡고 기도를 받았습니다.

유리박스로 되어 있는 접견실은 누가 무엇을 하는지 교도관들이 다 볼 수 있도록 만들어져 있었습니다. 물론 다른 변호사와 미

결수용자들도 다 볼 수 있는 구조로 만들어져 있습니다. 하나님께서 그 순간 그 접견실에서 기도하도록 이끄신다는 것을 느끼는 순간이었습니다. 더욱 힘이 났습니다.

늘 그랬지만, 하나님은 이 재판을 통해서 재판은 판사가 하는 것도 아니고, 검사가 하는 것도 아니고, 변호사가 하는 것도 아니라는 것을, 오직 살아계신 주님께서 하심을 다시 한번 깨닫게 하셨습니다. 하나님은 때때로 저에게 구체적인 작전까지도 가르쳐 주고 계셨습니다.

결론부터 말씀드리면, 1심에서 법정구속 된 사건이 항소심에서 무죄를 받아내는 것, 그건 기적 같은 일이지만 그 기적이 일어났습니다. 하나님은 구속되신 목사님께도, 밖에 있는 가족들에게도, 그리고 변호하는 제게도 주님이 원하시는 것을 다 받아내시고 계셨습니다.

예를 들면, 제게는 이 재판을 위한 새벽기도를 받으셨고 그 과정에서 기도의 제목이 '여호와 삼마(God is here, God is there)'라는 것도 알게 해주셨습니다. 나치가 사람들을 가스실에서 죽였을 때 그 안에서 발견된 종이에 적혀 있었던 글자였다고 합니다.

법정에서 계속 'God is here'를 속으로 기도하고, 법정에 서기 전에도 저 또한 하나님께 회개의 기도를 드리게 되었습니다.

결국, 항소심 구속만기를 다 채우고 마지막 날 무죄판결이 선고되었습니다. 기적이었습니다. 목사님은 교도소에서 새벽예배를 시작으로 기도와 찬양을 했다고 합니다. 같은 방에 6명의 수용자가 있었는데, 3명은 목사님과 함께했고, 나머지 2명은 목사님을 비웃었다고 합니다. 우연찮게 목사님과 그 함께한 3명은 석방됐고 2명은 실형 선고를 받았습니다. 목사님은 그 방의 이름을 프란체스코교회로 정했고, 나중에 들은 바로는 많은 수형자들이 그 방으로 배정받고 싶어 했다고 합니다.

목사님이 무죄선고를 받자 교도소 안팎에서 많은 믿지 않는 사람들이 하나님을 두려워하고 섬기게 되었음은 물론입니다. 하나님은 늘 주님이 원하시는 방식대로 과거에도, 지금도, 앞으로도 역사하신다고 믿는 이유입니다.

세상은 오늘도 우리에게 견디라고 하지만, 하나님은 오늘도 우리에게 기뻐하라고 하십니다.

김포공항에 있는 교회

ABC 다락방 혹시 들어보신 적 있으신가요? 김포공항 국제선 지하 1층에 있는 교회 출입문에 기재되어 있는 명칭입니다. 변순철 담임목사님의 김포공항 항공선교교회입니다. 우선 김포공항에 교회가 있다는 말에 한 번 놀랐고, 담임목사님도 계셔서 두 번 놀랐습니다.

이 만남의 시작은 몇 주 전에 일어났습니다. 목동 지구촌교회에 새벽예배를 드리러 갔습니다. 예배를 마치고 교회에서 제공하는 간단한 아침식사를 함께하게 되었는데 옆자리에 앉아계신 분과 인사를 하게 되었습니다. 지금 생각해보니 그 순간 우연이 아니었네요. 바로 그 원로장로님이 해병대 출신으로 군에서 조종사로 14년 대한항공에서 보잉747 소장과 수석기장을 하면서 대한민국 최초로 항공선교사로 파송받은 신일덕 원장님이십니다.

산간오지와 섬을 다니기 위해 미국에서 물 위에 떠나는 비행기, 수상기 스쿨에서 훈련받고 자격증도 따셨다고 합니다. 또 미국 미드웨스트에 항공대학에서 교수로 일하면서 항공선교사를 양성하고 각 항공사에 55명을 입사시키고, 평신도 항공선교사를 32명 파송하고 있습니다. 앞으로 두 분이 더 파송될 예정입니다.

마침 제가 간 날에 수요예배가 있었고, 항공선교사로 파송받은 젊은 기장들 10여 명도 함께했습니다. 막 비행을 마치고 피곤한 몸이지만 교회로 와서 예배를 드리는 모습에서 어찌나 감동인지 많은 분들에게 보여주고 싶은 마음이 쑥쑥 올라오는 겁니다.

안전한 비행을 주님께 기도하는 모습을 통해, 선교사로 비행기를 타면서 복음을 전하는 모습도 상상해보았습니다. 우리가 안전하게 비행기를 타고 여기저기 다닐 수 있었던 것은 이분들의 기도 덕분이었구나 하는 생각에 저절로 할렐루야가 터져 나옵니다.

유니폼과 모자까지 완벽하게 갖추시고 간증해주신 신일덕 장로님의 이야기입니다.

월남전에서 적으로부터 대공포를 맞고 불난 비행기를 몰고 가던 중 뒷자리에 있던 미 해병대 장교가 이제 어쩔 수 없으니 바다로 내리자고 했다고 합니다. 그 순간 정신이 들었고, '하나님이 계신데 왜 기도 안 했지.' 그러면서 하나님을 부르자 주님의 음성이 들렸다고 합니다. '너는 두려워하지 말라. 내가 너를 구속하였고 내가 너를 지명하여 불렀나니 너는 내 것이라.' 그러자 '여기서 죽어도 천국에 가겠지. 하나님이 계시잖아.' 하면서 더 빠르게 미 해병기지에 불시착하여 살았다고 하나님 은혜였노라고 고백했습니다. 그리고 뒤에 앉아 혼이 나가 있던 그 미군이 성경책을 자기에게도 달라고 했다고 합니다. 할렐루야.

월남전에서 구사일생으로 살아오신 아버지까지 겹쳐서 모든 것이 하나님 은혜임을 다시 확인하고 고백하는 시간이었습니다.

《성경》을 찾아봅니다.

이사야

(43:1) 야곱아 너를 창조하신 여호와께서 지금 말씀하시느니라 이스라엘아 너를 지으신 이가 말씀하시느니라 너는 두려워하지 말라 내가 너를 구속하였고 내가 너를 지명하여 불렀나니 너는 내 것이라

(43:2) 네가 물 가운데로 지날 때에 내가 너와 함께할 것이라 강을 건널 때에 물이 너를 침몰하지 못할 것이며 네가 불 가운데로 지날 때에 타지도 아니할 것이요 불꽃이 너를 사르지도 못하리니

하나님께서 함께하시는 오늘도 좋은 하루, 고맙습니다.

안전한 비행을 주님께 기도하는 모습을 통해,

선교사로 비행기를 타면서 복음을 전하는 모습도 상상해보았습니다.

우리가 안전하게 비행기를 타고 여기저기 다닐 수 있었던 것은

이분들의 기도 덕분이었구나 하는 생각에

저절로 할렐루야가 터져 나옵니다

자신의 분량대로
역사하는 삶

이쁘고 똑똑한 동생처럼 아끼는 후배가 있습니다. 그녀는 목동 지구촌교회의 집사이지요. 코로나 때문에 못 했던 바자회를 다시 한다며 신나 했습니다.

그녀는 남편 회사의 물건을 파는 부스를 맡았다며, 꼭 와서 밥도 먹고 물건도 사야 한다며 초대했습니다. 마침 조봉희 원로목사님도 〈극동방송〉의 이사이셔서 극동방송국에서도 참여하였지요.

성황리에 바자회는 마쳤고 그다음 주에 그 이익금으로 사랑나눔축제, 교회선교회에서 꼭 필요한 이웃에게 직접 갖다드리는 행사까지 함께하게 되었습니다.

그런데 그녀가 해주었던 이야기 한 토막이 잔잔하게 제 맘에 남아 소개해드립니다. 자기는 20년 전에 처음으로 교회에 발을

디뎠는데 그곳이 지구촌교회였고, 예수님을 진짜 만난 건 4년 정도 되었다고 했습니다. 비전트립을 통해서, 선교회활동을 통해서, 사랑나눔축제를 통해서 주변 장로님 권사님들이 실천하는 삶, 예수의 제자 된 삶을 사시려고 노력하는 모습을 보고 아, 나도 나중에 저렇게 해야지 마음먹게 되더라고요.

그래서 올해부터는 그녀의 표현 그대로 나도 이제 짬밥이 되었으니 이제 움직여야 하겠다 하면서 먼저 베풀고, 이번에도 따로 기부도 했다고요. 집안에선 자기가 예수 1세대이니 자손들이 2세대, 3세대 쭉쭉 이어지려면 믿음의 흔적을 남겨줘야 하겠다는 다짐 끝에 이제 실천하고 싶다는 고백을 들었습니다. 마치 믿음의 조상, 아브라함처럼 말입니다.

더 놀라운 것은 조봉희 목사님이 어찌 아셨는지 이번에 전화를 주셔서 '고맙다, 사랑한다'고 했다며, 자기가 처음 새신자로 시작해서 성장하는 과정을 지켜보신 목사님이 칭찬해주시니 마치 주님이 '우리 딸 잘컸네. 고마워 사랑해.' 하신 듯이 눈물이 나더라고 했습니다.

듣고 있던 저도 "너무 이뻐, 이쁘다."라고 말해주었습니다. 우리 하나님도 당연히 이쁘다 하실 겁니다. 그죠? 《성경》을 찾아봅니다.

(4:11) 그가 어떤 사람은 사도로, 어떤 사람은 선지자로, 어떤 사람은 복음 전하는 자로, 어떤 사람은 목사와 교사로 삼으셨으니

(4:12) 이는 성도를 온전하게 하여 봉사의 일을 하게 하며 그리스도의 몸을 세우려 하심이라

(4:13) 우리가 다 하나님의 아들을 믿는 것과 아는 일에 하나가 되어 온전한 사람을 이루어 그리스도의 장성한 분량이 충만한 데까지 이르리니

(4:14) 이는 우리가 이제부터 어린아이가 되지 아니하여 사람의 속임수와 간사한 유혹에 빠져 온갖 교훈의 풍조에 밀려 요동하지 않게 하려 함이라

(4:15) 오직 사랑 안에서 참된 것을 하여 범사에 그에게까지 자랄지라 그는 머리니 곧 그리스도라

(4:16) 그에게서 온몸이 각 마디를 통하여 도움을 받음으로 연결되고 결합되어 각 지체의 분량대로 역사하여 그 몸을 자라게 하며 사랑 안에서 스스로 세우느니라

오늘도 자신의 분량대로 역사하는 하루가 고맙습니다.

기적과 같은 해병대 독립

저는 국회의원으로 있을 때, 오랫동안 국방위원으로 활동하였습니다. 월남참전용사였던 군인의 딸이었기에 제가 국방위원이 된 것은 몸에 맞춘 옷을 입은 것처럼 자연스러웠습니다.

때마침 해병대를 알게 되었고, 해병대를 알게 된 후, 해병대를 작고 강한 부대로 만들고 싶었습니다. 그러려면 해병대에게 자긍심을 갖도록 해주는 게 저의 역할이라고 믿었습니다. 해병대는 오랫동안 소원을 가지고 있었는데, 바로 해병대 독립이었습니다. 38년 전 빼앗긴 해병대의 권한을 다시 찾고 싶어 했습니다.

저는 자료를 검토하고, 고민하고, 결론을 내렸습니다. 38년 이전으로 돌아가서 독자성과 어느 정도의 권한을 갖게 해주자고 결심했습니다. 그렇게 해서 만들어진 법안이 해병대독자성강화법안이었습니다. 국방부와 국방위원회의 대부분 국회의원이 반대했지만 저는 끈질기게 끌고 나갔습니다. 통일이 되면 중국과 일본이 우리가 해병대를 키우는 것에 대해 반대할 거라는 생각이 들었기 때문에 포기할 수가 없었습니다. 지금 이때를 놓치면 영원히 할 수 없겠다는 확신이 들었기에 더욱 고집을 굽히지 않았습니다.

제가 검사 출신이라는 것도 불가능으로 보였던 일이 가능하게 만드는 데 한몫했습니다. 제가 법안심사를 직접 할 수 없었다면 불가능했을 일입니다. 제가 생각해도 기적이었습니다. 이 기적에는 기도가 따르는 법입니다. 저는 모르지만 그 누군가가 하나님께 매달리며 기도했을 것입니다. 수많은 해병대원의 간절한 기도가 있었을 것입니다. 그렇기에 제가 도구로 사용되었을 것입니다.

이 법안을 반대하는 육군 출신 의원들께는 "우리 아버지는 육군 대위였습니다. 아버지는 아내 잃고 어린 남매를 조국에 두고 월남전에 참전하셨습니다. 아버지를 봐서라도 반대만 하지 말아주세요."라고 설득했습니다.

역시 진심은 통했습니다. 저의 아버지는 졸업은 못했지만 공사 9기이기도 했고 육군 대위 출신이기 때문에 저는 공군 가족이자 육군 가족입니다. 남자도 아닌 여성인 제가 해병대를 독립시킬 줄 누가 알았을까요? 많은 해병대 예비역들이 제게 감사편지를 보내주었습니다.

'죽는 그날까지 의원님을 지켜드리겠습니다.'

저에게도 조직이 생긴 것입니다. 해병대 조직이 말이죠.

정치를 시작하면서 주님께 드렸던 기도가 순간 떠올랐습니다. 조직을 달라고 주님께 매달렸던 저를 기억해냈습니다. 나는 잊었지만 하나님은 잊지 않으셨구나. 하나님은 이런 분이십니다.

"사람이 사람을 만나면 역사가 일어나고, 사람이 하나님을 만나면 기적이 일어난다."

이 말을 기억하시나요. 평소에 김장환 목사님이 하시는 말씀입니다. 하나님은 기적을 만드시는 분, 오늘도 주님께 감사하며 기도로 시작해볼까요?

결혼은 주님이 주시는 선물

결혼할 때, 남편으로부터 약속을 받아냈습니다. 주일날 교회 갈 때 혼자 가게 하지 말고 반드시 함께 가자는 그 약속이었습니다. 하나님을 모르는 남편에게 제가 할 수 있었던 유일한 것이었지요.

"교회 가서 기도 안 해도 괜찮아. 설교 안 들어도 괜찮아. 찬송 안 불러도 괜찮아. 그냥 나랑 같이만 가면 되거든. 괜찮지?"

그렇게 시작했는데, 지금은 남편 혼자서도 교회를 가고, 집사되어 직분생활도 하니 그 자체로 기적입니다.

젊은 날, 사법시험에 늦게 합격했기에, 결혼 적령기를 이미 놓친 상태였고, 멋 한 번 부려보지 못한 그런 내 모습에 스스로 주

눅 들던 그런 시절이 있었습니다. 그 시절에 '결혼은 과연 할 수 있을까, 사랑하는 사람을 만날 수 있을까?' 하면서 이런 저런 걱정에 힘없는 그 시절이었습니다.

남들처럼 사랑하는 사람과 결혼하고 싶은 마음에 《성경》을 마구 뒤졌습니다. 하나님은 결혼에 대하여 뭐라고 말씀하고 계신지 궁금했습니다.

여기저기 찾아보다 보니 '하나님은 되도록이면 결혼하지 말라고 하는 것 아닌가?' 하는 생각이 들다가, '아니지 하나님이 그러실 분이 아니지.' 하면서 〈구약성경〉부터 〈신약성경〉을 다시 읽기 시작했던 적도 있었습니다. 지금 생각해보면 살짝 웃음이 나오는 그런 행동들이었지요.

'하나님, 저에게도 좋은 사람 주세요.' 기도를 하기 시작했습니다. 결과적으로 제가 결혼한 사람은 하나님이 주신 사람이었습니다. 지금은 목사님 설교 너무 잘 듣고, 찬송 잘하고, 머리 숙이고 기도하고, 헌금하고, 모든 것이 기적입니다.

철없던 신혼시절 남편을 위한 제 기도는 이러합니다.

"하나님 하나님 이제 저에게 연단 같은 것 하지 않으셔도 되요. 저 힘들어요. 저 이제 다 알아요. 하나님이 계신지 다 알

20년이 넘은 지금 저는 하나님이 제 기도에 응답하심을
확인하고 있습니다.
결혼해야지요. 하나님께 매달려서라도 해야 합니다.
주님이 주시는 선물이니까요.

아요. 그러니까요 남편에게요. 연단을 통해서 하나님 알게 하지 마시고요. 복을 많이 주셔서 '아, 내가 이렇게 복을 많이 받는 것은 우리 마누라가 믿는 하나님 때문이구나.' 이렇게 믿도록 해주세요."

그리고 남편을 보면서 속으로 읊어댔습니다. 하나님 복에 복을 더하사 복에 복을 더하사 이렇게 남편을 위한 제 기도는 계속되었지요.

20년이 넘은 지금, 저는 하나님이 제 기도에 응답하심을 확인하고 있습니다. 결혼해야지요. 하나님께 매달려서라도 해야 합니다. 주님이 주시는 선물이니까요.

어린 시절 기도를
기억하시는 하나님

기억하시는 하나님을 찬양합니다. 우리는 늘 기도하고 잊어버리고 또 기도하고 잊어버리지만 하나님은 기억하시고 응답하시니 계속 기도할 뿐입니다.

월남참전 유공자였던 아버지, 고엽제 피해자였던 아버지는 늘 술을 가까이 했습니다. 술에 취하여 밤늦게 들어오시면 자고 있는 어린 딸을 깨워 앉혀놓고 신세한탄을 시작했습니다. 했던 이야기를 다시 반복하기를 서너 번 하면 마지막에는 끌어안고 울어야 끝나는 일이었지요.

아무리 아버지였지만 술냄새가 싫었습니다. 그렇지만 어린 맘에도 아버지가 불쌍해 보여 싫다고는 못했습니다.

주일학교에 가면 기도시간에 늘 똑 같은 기도를 했습니다.

'하나님 하나님, 저는 나중에 커서 술먹는 남자랑은 결혼하지 않을 거예요. 그리고 우는 남자는 더 싫어요.'

응답을 바라고 한 기도가 아니었습니다. 하소연할 데가 없어서 기도시간에 아버지처럼 하나님께 신세한탄한 거였지요.

세월이 흘러 흘러 성년이 되고, 서른이 넘어 저에게도 결혼할 남자가 생겼습니다. 그런데 이 남자가 이렇게 말하는 겁니다. 자기는 선천적으로 술을 먹지 못한다고요. 술만 먹으면 온몸에 두드러기가 나서 먹지를 못한다고요.

갑자기 주일학교 시절 제가 했던 기도가 떠오르는 겁니다. 아니 이럴 수가 제가 했던 그 기도를 저는 잊었는데 하나님은 기억하시고 술 못 먹는 남자를 주시는구나, 우리 하나님은 이런 분이십니다. 어릴 때 어린 소녀가 했던 그 기도를 잊지 않으시고 기억하시는 하나님.

《성경》을 찾아봅니다.

출애굽기

(2:23) 여러 해 후에 애굽 왕은 죽었고 이스라엘 자손은 고된 노동으로 말미암아 탄식하며 부르짖으니 그 고된 노동으로 말미암

아 부르짖는 소리가 하나님께 상달된지라

(2:24) 하나님이 그들의 고통 소리를 들으시고 하나님이 아브라함과 이삭과 야곱에게 세운 그의 언약을 기억하사

(2:25) 하나님이 이스라엘 자손을 돌보셨고 하나님이 그들을 기억하셨더라

기억하시는 하나님을 생각하며 힘차게 오늘도 살아가시길 기도드립니다.

욕망을 내려놓은 순간
나타난 사람

　30년 전, 그때 나이 20대 후반, 서른이 다가오고 있었는데, 사법시험에는 계속 떨어지고, 막막했던 시절이었습니다. 공부를 계속해야 할지 말아야 할지 이러지도 못하고 저러지도 못하는 꽉 막힌 그런 형국이었지요. 결심하고, '이번이 마지막이다.' 하며 치렀던 그 사법시험의 발표를 기다리던 몇 개월은 매초마다 '합격이야. 아니 불합격이야.'를 반복하면서 말 그대로 사는 게 사는 것이 아니었습니다.

　그러다 보니, 기도를 할 수밖에 없었습니다. 그것도 간절하게, 매달리며, 하나님 하나님 도저히 살 수가 없습니다. 지난번 꿈에 나타나셔서 세계일주도 시켜주셨잖아요. 한 번만 더 꿈으로 합격했다는 거 미리 알려주시면 안 되나요? 그리고 이제 이렇게 유치한 기도는 다시는 하지 않겠다고 다짐하였습니다.

새벽기도는 당연하고, 부흥회도 가고, 기도원에도 갔었습니다. 눈뜨면 기도 또 기도였습니다. 오로지 하나님만 해결해줄 수 있었습니다.

꿈을 꿨을까요? 꿈을 꿨습니다. 고려대학교 법과대학 우리 학교가 꿈에 나타났고, 법대로 올라가는 언덕에서 누군가가 저를 부르며 합격이라고 외쳤고, 저는 달려가 건물 안으로 들어갔고, 제이름이 적힌 명단을 보았습니다.

잠에서 깨었을 때, 어땠을까요? 솔직히 춤을 추었습니다. 너무나 좋아서 너무나 신나서 저절로 춤이 춰졌습니다. 다윗의 춤처럼 말입니다. 하나님이 살아계시네, 살아계셔. 어쩌면 좋아 진짜 살아계시는구나.

사법연수원에 들어갔습니다. 이제 2년만 지나면 아버지가 원하는 검사가 될 수 있는 겁니다. 더 이상 바랄 게 없다고 생각했는데, 그런데 또 잡생각이 들어오기 시작했습니다. 결혼이 왜 그렇게 하고 싶은지 참을 수가 없는 겁니다. 그런데 제 힘으로 결혼이 되는 게 아니었기에 또 막막했습니다. 제 맘에 드는 사람은 대부분 결혼을 했거나 여자친구가 있고, 제가 결혼할 남자가 없는 거예요.

그래서 이번에도 또 기도하기 시작했습니다. 그런데 염치가 있지 지난번에 유치한 기도 하지 않겠다고 하나님께 약속해놓고 지금 와서 모르는 척 '하나님 하나님, 저 결혼시켜주세요.' 할 수가 없는 거예요. 이번에도 이러지도 못하고 저러지도 못했습니다. 그리고 기도까지도 못할 상황이었으니 공부도 손 놓고 아무것도 못하게 되었지요.

그러다가 주일날 예배 중에 목사님께서 "하나님은 우리 사정을 다 아니시니까 기도를 너무 길게 하지 마라. 그냥 순조로움을 달라고 하면 된다"라고 하시는 겁니다. 바로 이거다, 옳다구나 했습니다. 그래서 연수원에서 괜찮은 남자로 보이는 사람을 하나 찍고, 멀리서 '순조로움을 주시옵소서.' 하면서 기도하기 시작했습니다. 유치한 기도는 일단 아니니까 안심하면서 기도했습니다.

아무리 기도해도 그 남자가 아무런 반응을 보이지 않는 겁니다. 아, 이 사람이 아니라고 하시는 건가 보다 하면서 다른 남자를 찍고 다시 '순조로움을 주시옵소서.' 그러기를 반복했지요. 이런 식으로 계속 남자를 바꿔가며 기도했지만 효과가 없어서 포기하고, 혼자 살아야지 했습니다.

그런데, 전혀 생각하지도 생각해본 적도 없던 사람이 나타났습니다. 평소 '누나, 누나' 하면서 제 숙제도 대신 해주고, 가방도 챙겨주고, 밥도 같이 먹어주던 5살 연하의 대학후배이면서 연수원 동기가 느닷없이 "누나, 아버지가 반대하셔." 합니다. "뭘?"

하고 물으니 "누나랑 결혼하는 거."라고 대답하네요. 순간 왜 그랬는지 모릅니다. 그냥 나온 말이 "너네 아버지가 왜 반대하시는데?" 하고 물었습니다.

그렇게 우리는 결혼했습니다. 남편은 이렇게 말합니다. "당신이 하는 일을 방해하지 않을게."

창세기

(2:18) 여호와 하나님이 이르시되 사람이 혼자 사는 것이 좋지 아니하니 내가 그를 위하여 돕는 배필을 지으리라 하시니라

돕는 배필을 생각하며 오늘도 좋은 하루라 고맙습니다.

연상연하의 위기를
극복한 방법

요즘은 아들이 연상의 여자와 결혼한다고 해도 크게 놀라지 않는 분위기입니다. 제가 결혼하던 때는 지금과는 사뭇 달랐습니다. 이제 20년도 넘은 이야기이지만, 남편이 5살 연상인 여자와 결혼한다고 했을 때, 시골 아버님은 처음엔 반대하셨습니다.

우리 부모님은 친척들에게 5살이 아닌 2살밖에 차이 안 난다고 둘러대기까지 하셨습니다. 지금 생각해보면 웃음이 나오는 일이었지만, 그 나이 차이 때문에 곤욕을 치렀던 저로서는 시부모님께 잘하려고 많은 애를 썼습니다. 여러 가지 생각하다가 매일 전화드리기로 정했습니다.

하루에 한 번은 꼭 전화를 드렸지만, 부모님도 저도 서먹서먹한 상태라 대화가 잠시 끊기고 그랬습니다. 그래서 또 생각해낸 것이 언론에 나온 구속 사건들을 검사의 입장에서 설명해드리기 시작했습니다. 그렇게 시부모님과 가까워졌고, 나중에는 남편보다 저를 더 좋아하셨습니다. 매일 전화하는 저를 당해낼 사람이 없었을 테니까 그건 당연한 결과였습니다.

세계적 갑부인 강철왕 카네기는 50살이 넘어서 늦게 결혼을 합니다. 그 이유가 참으로 놀랍습니다. 고생만 한 어머니에게 효도하기 위해서였다고 합니다. 어머니 돌아가시고 결혼을 했다고 하니 세상에 이런 아들이 있을까 싶습니다.

어느 날 백화점 앞에서 비를 피하던 할머니를 친절하게 대해주었던 젊은 점원이 있었는데, 그 할머니가 카네기의 어머니였습니다. 결국 카네기로부터 그 친절에 감사하다는 뜻으로 가구를 주문하게 되고, 그 인연으로 젊은 청년은 부자가 되었다는 그 이야기 주인공이 그 어머니입니다.

예수께서 십자가에서 애통해하는 어머니를 걱정하면서 하셨던 말씀을 옮겨봅니다. 〈요한복음〉 19장 25절에서 27절입니다.

요한복음

(19:25) 예수의 십자가 곁에는 그 어머니와 이모와 글로바의 아

내 마리아와 막달라 마리아가 섰는지라

(19:26) 예수께서 자기의 어머니와 사랑하시는 제자가 곁에 서 있는 것을 보시고 자기 어머니께 말씀하시되 여자여 보소서 아들이니이다 하시고

(19:27) 또 그 제자에게 이르시되 보라 네 어머니라 하신대 그때부터 그 제자가 자기 집에 모시니라

찬바람이 불어도 좋은 하루라 고맙습니다.

하나님이 나를 안고 가신다

미국이 낳은 세계적인 부흥사 무디 목사님, 그런데 이 무디 목사님을 무디답게 만들었다고 알려진 사람이 있습니다. 바로 영국의 헨리 무어하우스 목사님입니다.

헨리 무어하우스 목사님 하면, 〈요한복음〉 3장 16절, 그 유명한 '하나님이 세상을 이처럼 사랑하사 독생자를 주셨으니 이는 그를 믿는 자마다 멸망치 않고 영생을 얻게 하려 하심이라' 설교를 하신 분입니다. 우리를 심판하시는 하나님이 아니고 우리를 사랑하시는 하나님에게 초점을 맞춘 설교를 듣게 된 무디 목사님은 충격이었다고 합니다. 그리고 깊은 감동과 깨달음으로 새로운 능력을 얻게 되었노라고 고백하고 있지요.

솔직히 말씀드리면, 우리를 사랑하시는 하나님에 익숙한 저로서는 왜 당연한 것에 충격이었을까 했지만, 바로 이해하고 넘어갔습니다. 그 시절에는 죄인을 심판하
시는 하나님에게 초점이 맞추어져 있었
나 보구나 하고요.

　그렇다면, 헨리 무어하우스는 왜 그
토록 심판하시는 하나님에서 사랑하시
는 하나님에게 집중했을까요? 그의 일
생을 보면 이해가 갑니다. 어릴 때, 여
리 차례 감옥에 갔고, 도박에다 폭력, 자

무디 목사님

살도 시도했던 사람이었지요. 처음 예수를 알게 되었을 때, 그가
얼마나 무섭고 두려웠을지 짐작이 되긴 합니다. 그래서 그의 깨
달음이 무디 목사님을 감동시킨 것이 아닐지 혼자 느껴봅니다.

　이렇게 수많은 사람을 감동시킨 무디 목사님을 감동시킨 헨리
무어하우스, 그런데 이 헨리 무어하우스를 감동시킨 사람이 한
사람이 있었습니다. 바로 그의 딸이었지요. 소아마비로 걸을 수
없었던 딸이었지요.

　어느날 지치고 힘들어 힘이 쭉 빠진 상태로 집으로 들어온 헨
리 무어하우스 목사님, 아내에게 소포를 전달하기 위해서 2층으
로 올라가려고 하는데 딸이 자기가 엄마에게 갖다주겠노라고 합
니다. "아니, 너는 혼자서 올라갈 수가 없잖아?" 하니 "내가 소

포를 들고 아빠가 나를 안고 올라가면 되잖아요."라고 했습니다.

이때 목사님은 '앗, 그거였구나!' 했습니다.

'내가 왜 힘들어하지. 하나님이 나를 안고 가시는데, 내가 그걸 잊고 있었구나.'

다시 힘이 생겼습니다. 이사야서 41장 10절 말씀이 떠올랐습니다.

이사야

(41:10) 두려워하지 말라 내가 너와 함께 함이라 놀라지 말라 나는 네 하나님이 됨이라 내가 너를 굳세게 하리라 참으로 너를 도와주리라 참으로 나의 의로운 오른손으로 너를 붙들리라

두려움 없이 전진하는 하루라 고맙습니다.

이번엔 진짜 죽을 수 있겠구나

간증, 하나님의 사람들이 들려주는 주님의 이야기는 들어도 들어도 또 듣고 싶은 이야기들이지요. 하나님이 지금도 살아계셔서 역사하시는 증거를 듣는 것이니까요. 그저 힘이 납니다. 최근에 듣게 된 만화가 최철규 집사님의 이야기입니다.

최철규 집사님은 19금 성인만화가이고, 직업상 음란이 충만해야 했다고 합니다. 이 자체로 무슨 일이 일어났을지 짐작이 가시지요? 우리의 짐작대로, 정상적인 사고나 생각을 하지 못했을 터이고, 담배와 술로 보냈을 터이고, 도저히 크리스천이라고 말할 수 없는 사람이 되어버렸겠지요. 실지로 그랬다고 합니다.

결국, 어느날 쓰러져 병원에 가보니, 장기는 썩었고, 폐 하나는 이미 괴사상태가 되어버렸고, 수술을 해도 죽고 안해도 죽는다는 판정을 받게 됩니다. 드디어 주님께 매달리며 살려달라고, 다시는 성인만화 그리지 않겠다고 기도하기 시작하고 《성경》도

완전히 이중생활을 정리하고,

주님께도 돌아옵니다.

생활은 당장 어려웠지만,

결국 하나님은 집사님을 주님의 도구로 사용하셨습니다.

읽기 시작했습니다.

기적이 일어납니다. 폐가 살아났습니다. 하나님이 살려주셨다는 것을 알았습니다. 그럼에도 돈이 필요하다 보니, 여전히 성인 만화를 그리면서, 이중생활을 하는 그런 사람이 되어버렸지요.

그러다가 어느 날《성경》책을 읽다가 충격을 받게 됩니다. 바로 이 구절 때문이었습니다.

신명기

(23:18) 창기가 번 돈과 개 같은 자의 소득은 어떤 서원하는 일로든지 네 하나님 여호와의 전에 가져오지 말라 이 둘은 다 네 하나님 여호와께 가증한 것임이니라

'이번에 진짜 죽을 수 있겠구나.' 하는 생각이 들었겠지요. 결국 그 뒤로 완전히 이중생활을 정리하고, 주님께도 돌아옵니다. 생활은 당장 어려웠지만 결국 하나님은 집사님을 주님의 도구로 사용하셨습니다.

"작은 나의 고백 이야기를 만화로 그리고 이 만화책은 전도용으로 전국에 판매되는 기적 같은 일이 벌어지지요. 만화로 읽는

천로역정이라는 책도 만들었고, 많이 유명해졌습니다."

이 간증의 결론을 내려봅니다. 가장 은혜의 말씀 아닐까요?

이사야

(43:25) 나 곧 나는 나를 위하여 네 허물을 도말하는 자니 네 죄를 기억하지 아니하리라

그냥 신나는 하루, 감사한 하루라 오늘도 고맙습니다.

하나님께서 인도하신 만남

리처드 범브란트(Richard Wurmbrand, 1909~2001) 목사님은 루마니아 공산당으로부터 처절하게 고문당하고 감옥에서 14년을 보내고, 끝내 살아남아서 우리에게 살아있는 간증을 들을 수 있도록 해주시는 분입니다. 누구는 '살아 있는 순교자' 또는 '철의 장막의 바울'이라 부르기도 합니다.

목사님은 원래 유대인이었지만 무신론자였습니다. 세상적으로 성공도 했었습니다. 그러다가 병에 걸려 죽음을 생각하게 되었고, 다행히 낫게 되어 휴양을 떠나게 되었습니다. 하나님을 믿기 전에, "만약 하나님이 계시다면 당신은 당신의 존재를 저에게 나타내야 할 의무가 있습니다."라고 기도했다고 합니다.

그런데 결정적으로 하나님을 만나는 사건이 벌어집니다. 휴양차 어느 마을로 가게 되었는데 그 마을에 한 노인 목수가 살고 있

리처드 범브란트

었습니다. 그 목수는 늘 기도하기를 "죽기 전에 유대인을 주님께 인도하게 해주소서." 했습니다.

"예수님도 유대인 가운데서 태어나셨고, 우리 마을에는 유대인이 없습니다. 제가 유대인을 찾으러 다니기에는 이미 병들고 늙었고 가난합니다. 하나님이 유대인 한 사람을 우리 마을로 보내주십시오. 그럼 그 사람을 제가 주님께도 인도하겠습니다."

범브란트는 이 이야기를 듣고는 하나님의 놀라우신 힘이 자신을 이 마을로 이끌었다는 것을 인정할 수밖에 없었습니다.

드디어 두 사람은 만나게 되었고, 노인은 그가 온 것이 자기의 기도 결과라 확신하고 《성경》을 건네주었습니다. 이러한 특별한 만남을 행하시는 주님의 이야기, 설레는 마음으로 듣게 되지요. 범브란트 목사님이 옥중 고난을 이겨내기 위해서 미리 준비하신 것은 아닐지 많은 생각을 하게 됩니다.

또한 범브란트 목사님은 감옥에서 《성경》에 나오는 '두려워 말라'는 문장이 365개임을 발견하게 됩니다. 결국 우리에게 하나님은 365일 두려워할 필요가 없다는 사실을 말씀해주시는 것이지요. 살아있는 주님의 말씀이라 더 특별하게 다가옵니다. 두려워하지 마십시오.

신명기

(1:29) 내가 너희에게 말하기를 그들을 무서워하지 말라 두려워하지 말라

(1:30) 너희보다 먼저 가시는 너희의 하나님 여호와께서 애굽에서 너희를 위하여 너희 목전에서 모든 일을 행하신 것 같이 이제도 너희를 위하여 싸우실 것이며

오늘은 범브란트 목사님의 간증을 한 번 들어보심이 어떠실까요?

시글락 사건으로 느낀
하나님 은혜

세상일이 뜻대로 되지 않았을 때, 기도하시나요,《성경》을 읽으시나요? 기도하고《성경》을 읽는 것 말고는 사실 할 게 별로 없습니다. 하나님 은혜는 기도와 말씀으로 온다는 것을 이미 알고있기 때문에 더 그러겠지요.

바로 그런 저에게 말씀으로 주신 하나님 은혜는 시글락이었습니다. 〈사무엘상〉 30장 1절에서 6절까지 읽고 읽고 또 읽었습니다.

사무엘상

(30:1) 다윗과 그의 사람들이 사흘 만에 시글락에 이른 때에 아말렉 사람들이 이미 네겝과 시글락을 침노하였는데 그들이 시글

락을 쳐서 불사르고

(30:2) 거기에 있는 젊거나 늙은 여인들은 한 사람도 죽이지 아니하고 다 사로잡아 끌고 자기 길을 갔더라

(30:3) 다윗과 그의 사람들이 성읍에 이르러 본즉 성읍이 불탔고 자기들의 아내와 자녀들이 사로잡혔는지라

(30:4) 다윗과 그와 함께 한 백성이 울 기력이 없도록 소리를 높여 울었더라

(30:5) 다윗의 두 아내 이스르엘 여인 아히노암과 갈멜 사람 나발의 아내였던 아비가일도 사로잡혔더라

(30:6) 백성들이 자녀들 때문에 마음이 슬퍼서 다윗을 돌로 치자 하니 다윗이 크게 다급하였으나 그의 하나님 여호와를 힘입고 용기를 얻었더라

아니, 백성들이 다윗을 돌로 쳐 죽이자고 하는 장면이 눈에 보이는 듯합니다. 목숨 걸고 함께했던 동지들이자 백성들입니다. 제가 다윗이 된 듯이 배신감에 절망합니다. 가장 믿었던 사람들, 다윗 자신보다 더 자기를 사랑한다고 느꼈던 부하들로부터 느끼게 되는 배신감은 다윗을 절망하게 했을 겁니다.

다윗도 이때 기도합니다. 할 게 별로 없었을 거예요. 하나님께 도와달라고 기도하는 거 말고는 없었을 겁니다. 역시나 하나님은

얼른 도와주십니다. 그리고 다윗은 그 백성을 다 끌어안고 나갑니다. 역시 다윗입니다. 모든 것이 하나님 은혜이겠지요.

　힘내세요, 힘내세요, 하나님이 계시잖아요.

하나님만 잊지 않으신다면

영국 하면 무엇이 생각나시나요? 저는 잉글랜드와 결혼했다며 평생 독신으로 45년간 영국을 통치한 여왕 엘리자베스 1세가 떠오릅니다. 그녀가 55세 때, 목숨 걸고 싸운 스페인과의 전쟁에서 이렇게 말하는데요, 그 유명한 틸버리 연설입니다.

"나는 힘없고 연약한 여자의 몸을 가졌다는 걸 알고 있다. 하지만 나에겐 왕으로서의, 잉글랜드 왕으로서의 심장과 용기가 있다. 지금 이 순간, 그대들이 눈으로 보듯이 나는 이곳에 왔노라. 오락이나 장난을 위해서가 아니라 전투가 벌어지는 한가운데서 그대들과 함께 살고, 그대들과 함께 죽기로 결심하고서.

나의 하나님과 나의 왕국, 나의 백성과 명예, 피를 위해 쓰러지겠노라. 비록 그곳이 먼지 속일지라도. (평생) 불명예와 함께 살기보다 무기를 들 것이다. 내가 그대들의 장군이자 심판자, 이 전장에서 그대들이 보여준 모든 미덕에 대한 보상자가 되리라."

마음속 깊은 곳에서 뜨거운 것이 솟구칩니다. 제 마음도 이럴진대 당시 병사들이 어땠을까요? 죽어도 좋다. 무조건 이기자 했을 거예요. 결국 여왕은 이겼고, 영국은 단숨에 강력한 국가로 떠오릅니다.

나의 하나님이라는 단어에 꽂히시나요? 팬시리 여왕이 더 좋아지고 사랑스럽고, 멋있어 보이는 건 저만의 생각은 아니겠지요?

또 생각나는 거 있습니다. 영국과 한국은 김일성의 6 · 25 남침 한국전쟁 때 이어지지요. 영국과 영연방 국가에서 약 6만 명을 파병하고 1,000명이 넘게 전사합니다. 성바울성당 지하엔 한국전 전사자들을 위한 추모의 글판이 있습니다.

"유엔의 이름 아래 싸운 첫 전쟁에서 죽은 영국 병사들을 기억하면서, 그들의 용기와 인내에 대하여 하나님께 감사하고,

세계의 국가들과 사람들 사이의 평화와 화해를 위하여 기도한다. 한국 1950~1953. 하나님 앞에선 아무도 잊히지 않는다."

'사람은 잊어도 하나님이 잊지 않는 한 잊혀지지 않는다.'로 읽혀지기도 하고, 역사적 기록으로 남겨 영원히 후세에 전해주겠다는 말로도 읽힙니다. 저는 '하나님은 다 알고 계신다. 누가 나쁜지 누가 착한지. 하나님은 절대 잊지 않으신다. 그래서 우리 대신에 보복해주신다.'라고 읽으려고 합니다. 이것이 가장 큰 위로니까요. 그분들을 위해서도요.

하나님만 잊지 않으시면 다 만사형통이겠지요. 오늘도 걱정이 없는 하루, 오로지 감사만 넘치는 하루라 고맙습니다.

어메이징 그레이스

　찬송가 405장 〈어메이징 그레이스(놀라운 은혜)〉, 이 찬송가를 지으신 분은 존 뉴턴입니다. 크리스천이 아니어도 들으면 누구나 아는 노래입니다. 존 뉴턴은 노예무역을 했던 사람으로 자신의 과거를 돌아보고, 매 순간 하나님의 은혜로 새 삶을 살게 된 감격으로 이 가사를 썼다고 합니다.

　뉴턴은 줄곧 "너무나 늦었지만 나의 죄를 회개하면서 그것이 오늘까지 나를 괴롭히는 유령이 됐다."라고 고백했습니다. 물론 이분은 나중에 목회자가 됩니다. 철저하게 신앙생활을 하면서 어렵고 힘든 사람들을 도왔습니다.

　존 뉴턴에게 가장 영향을 받은 많은 사람들 가운데 가장 중요한 사람은 윌리엄 윌버포스입니다. 윌리엄 윌버포스가 정치에

환멸을 느끼고 정치를 그만두고자 했을
때, "하나님의 뜻이 지배해야 할 곳은 바
로 의사당"이라며 윌버포스를 만류하고
정치 영역에서 이 세상을 바로 잡아가는
역할을 맡아 달라고 부탁했다고 합니다.

　　결국 윌리엄 윌버포스는 뉴턴의 영향
을 받아 노예무역을 금지하는 법을 만들
어냅니다. 존 뉴턴은 이 법의 제정을 보

윌리엄 윌버포스

고서 하늘나라로 갑니다. 하나님의 일하심은 참으로 신기합니
다. 미국에 링컨이 있었다면, 영국에서는 윌리엄 윌버포스가 있
었습니다.

　　뉴턴은 죽기 전 자신의 묘비에 이런 글을 적어달라고 유언했
습니다.

　　"한때 이교도였으며 탕자였고 아프리카 노예상이었던 존 뉴
　　턴은 우리 주 예수 그리스도의 풍성하신 긍휼로 말미암아 용
　　서받고 크게 변화되어 마침내 성직자가 되었으며 자신이 그
　　토록 오랫동안 부인했던 바로 그 믿음을 전파하며 버킹엄에
　　서 16년간, 올니교회에서 27년간을 섬겼다."

듣고 있으면 슬픔이 묻어나지만, 조금 지나면 은혜가 넘쳐나는 찬송가 〈어메이징 그레이스〉 오늘 한 번 소리내어 불러보시면 어떠실까요?

나 같은 죄인 살리신 주 은혜 놀라워
잃었던 생명 찾았고 광명을 얻었네
큰 죄악에서 건지신 주 은혜 고마워
나 처음 믿은 그 시간 귀하고 귀하다

자신의 일터에 맡겨진
하나님의 사명

영국 노예 무역을 폐지한 위대한 정치인이자 하나님의 사람 윌버포스를 더 이야기해보고 싶습니다. 21세에 하원의원이 된 윌버포스는 세상 부러울 것 없는 가장 세상적인 사람이었습니다. 그러다가 하나님을 만나게 되고, 하나님의 사람으로 살기를 결심합니다.

의원직을 사퇴하고 목사가 되고 싶어 했지만, 존 뉴턴 목사님으로부터 "영국 하원이 하나님께서 주신 당신의 일터입니다. 의원직을 통해 하나님께 영광을 돌리시오."라는 말을 듣게 됩니다. 윌버포스는 하나님이 주신 사명에 대해서 고민하다가, 깨닫게 됩니다.

"전능하신 하나님은 내 앞에 두 가지 큰 목표를 주셨다. 하나

는 노예무역을 금지하는 것이고, 하나는 영국의 잘못된 관습
을 개혁하는 것이다."

당시 영국이라는 사회에서 노예무역을 금지한다고 하는 것은
세상으로부터 버림받는 것이나 마찬가지였을 것입니다. 실제로
온갖 모함과 비방을 당하고, 암살위협까지 있었습니다. 그럼에도
노예무역폐지법안을 만들어 통과시킵니다. 그 뒤로 노예제도 자
체를 폐지하기 위하여 온 힘을 다합니다. 결국 노예해방법령까지
만들어 통과시킵니다.

하나님은 하나님의 사람을 통해 이 위대한 일을 행하십니다.
링컨과 윌버포스 하나님의 사람, 하나님이 주신 사명, 노예해방
이 모든 공통점 속에서 깨닫게 됩니다.

의사선생님 원종수 박사님도 한 때 목사가 되고 싶었으나, 하
나님은 목사가 아닌 의사로서 하나님께 영광을 돌리기를 원하셨
다고 했습니다. 결국 하나님은 우리에게 각자 자신의 일터에서 하
나님이 주시는 사명을 감당하며 살라고 명령하시는 것 아닐까요?

속으로 아멘 하면서도, 저는 〈전도서〉 11장을 꺼내봅니다

(11:9) 청년이여 네 어린 때를 즐거워하며 네 청년의 날들을 마음에 기뻐하여 마음에 원하는 길들과 네 눈이 보는 대로 행하라 그러나 하나님이 이 모든 일로 말미암아 너를 심판하실 줄 알라

하나님이 주신 사명을 감당하면서도 이 세상을 즐거워하며 살 수 있는 방법이 여기에 있습니다. 주님의 명령을 지키는 범위 안에서 이것만 잊지 않으면 되겠지요.

내 주를 가까이 하게 함은 십자가 짐 같은 고생이나

내 일생 소원은 늘 찬송하면서 주께 더 나가기 원합니다

주님을 찾는 사람들과 함께하신다

하나님도 침몰시킬 수 없다고 장담했던 그 배 타이타닉호는 침몰했습니다. 바벨탑을 쌓은 인간의 마음과 타이타닉을 만든 인간의 마음, 결국 오만함에서 비롯된 것이 아닌지 생각해봅니다. 세 시간도 안 되어 엄청난 배는 빙산에 부딪혀 침몰해버립니다.

그러나 하나님은 침몰하는 배에서도 계셨습니다. 주님은 주님을 찾는 사람들과 함께하셨음을 증명하고 계십니다. 바로 하퍼 목사님입니다.

"여자와 어린아이 그리고 구원받지 못한 사람들은 구명보트를 타시오!"

하퍼 목사님이 이렇게 외치면서 구조활동을 시작했고, 자신의 6살짜리 딸을 구명보트에 태우고 본인은 구조되기를 포기합니다. 대신에 마지막 순간까지 전도를 합니다. 목사님의 구원에 관한 복음을 거절하는 자에게 도리어 자신의 구명 재킷을 벗어주며 "나보다는 당신에게 이것이 더 필요할 겁니다." 했습니다.

훗날에 살아남은 어떤 이는 이렇게 고백했습니다. 자신이 하퍼 목사님으로 인해 구원받은 마지막 회심자라고요.

그리고 영화에서도 나왔지만, 흔들림없이 승객들을 위해 바이올린을 연주하는 사람이 있었습니다. 하나님이 함께하시지 않았다면 그렇게 평안하게, 그렇게 행복하게 연주할 수 있었을까요?

그 찬송을 들으면 저는 참 슬픕니다. 그래도 불러봅니다.

내 주를 가까이 하게 함은
십자가 짐 같은 고생이나
내 일생 소원은 늘 찬송하면서
주께 더 나가기 원합니다

슬퍼도 좋은 하루라 고맙습니다.

기적 안에 숨은 이야기

'허드슨강의 기적', 영화제목이기도 하지만 실제로 일어난 일입니다. 2009년 1월 15일 오후의 뉴욕 라과디아 공항에서 출발한 비행기 한 대, 이륙 후 3분 만에 새떼와 충돌, 제트엔진이 멈추고, 불이 나고 있었습니다.

다시 돌아가는 것, 가까운 활주로로 비상착륙하는 것 등 여러 가지 고민하다가, 비행기의 책임자인 설리 기장은 허드슨강에 착륙하기로 합니다.

영하 7도의 날씨, 155명 승객 전원 탈출 모두 살았습니다. 기적이 일어났습니다. 설리 기장은 비행이 인생이었던 사람으로 베테랑 중의 베테랑이었지요. 이 기장이었기에 가능했던 일이었습니다. 모든 승객들을 안전하게 대피시키고 마지막으로 비행기에 내리는 이 남자 영웅이지요. 여기까지가 세상 영화의 큰 줄거리입니다.

그런데 숨은 이야기, 하나님의 이야기가 있습니다. 이 비행기 안에 하나님의 사람, 한린다 선교사가 있었습니다. 캘리포니아에 있는 아픈 언니를 만나고 집으로 돌아가는 길이었지요. 그녀는 당연히 주님께 기도했습니다. 나중에 그녀는 이렇게 말했습니다.

"하나님께 감사해요. 그리고 기장에게 감사하다는 말을 꼭 하고 싶어요. 하나님이 기장을 도와주셔서 정말 비범한 조종술로 비상 착륙에 성공했어요. 이것이 다 하나님의 준비하심입니다."

그녀가 쓴 이 기적의 사건이 바로 〈어메이징 그레이스〉입니다. 하나님께 기도하고, 하나님은 노련한 기장을 도구로 삼아 모든 사람의 생명을 살리셨다는 그녀의 간증을 듣게 됩니다.

시편

(18:1) 나의 힘이신 여호와여 내가 주를 사랑하나이다

(18:2) 여호와는 나의 반석이시요 나의 요새시요 나를 건지시는 이시요 나의 하나님이시요 내가 그 안에 피할 나의 바위시요 나

의 방패시요 나의 구원의 뿔이시요 나의 산성이시로다

〈시편〉 18편이 절로 나옵니다. 오늘도 찬양하는 하루, 감사한 하루라 고맙습니다.

2부

링컨의
야망

제게는 거역할 수 없는 야망이 있습니다. 하나님
만이 제가 그 야망을 성취하기를 얼마나 고대하고
있으며, 얼마나 진실하게 기도하는지 아실 것입니
다. 저 역시 정치적 명예에 관심이 많습니다. 하지만
그보다 앞서 저는 이 땅에 정의가 뿌리 내리기를 간
절히 원합니다.

하나님은 타이밍을
절대로 놓치시지 않는다

제가 지쳐 힘들 때, 하나님이 너무 멀리 계신다고 느낄 때, 저는 조선으로 오신 선교사님들의 이야기를 찾아봅니다. 다시 힘을 주시는 그 분들의 이야기, 오늘은 아펜젤러와 함께 인천 제물포에 도착한 미국장로교회 선교사 호러스 언더우드를 소개합니다.

원래는 인도 선교를 꿈꾸는 사람이었으나, 우연히 조선 선교에 대한 이야기를 듣게 되고 누구도 조선 선교를 지원하지 않고 있다는 소식을 접하게 됩니다. 어떤 교회도 조선에 선교사를 보내려고 하지 않았으며, 조선 선교는 아직 시기상조라는 인식이 있었던 시기였습니다.

언더우드는 고민 끝에 자신이 조선으로 가기로 결정합니다. 그러나 녹록지 않았습니다. 신청을 해도 자금이 없다는 이유로, 시기상조라는 이유로 거절당하여, 포기에 이르게 됩니다. 바로 그 순간, 하나님의 음성을 듣게 됩니다.

"조선에 갈 사람이 하나도 없다니 조선은 어떻게 되는 것인가? 너는 왜 못가는가?"

언더우드 선교사

결국 언더우드는 그 신비한 음성에 따라, 다시 마음을 잡고, 장로교단의 선교본부를 찾아갑니다. 놀라운 일이 벌어집니다. 누군가가 조선 선교기금으로 헌금을 했다는 놀라운 소식을 듣게 됩니다. 그렇게 조선으로 오게 됩니다. 바로 이분이 연세대를 설립하신 언더우드 박사이지요.

하나님이 얼마나 급하셨으면 음성으로 나타나실까 하며 흥분하며 읽었던 구절이 아직도 제게 생생합니다. 하나님은 타이밍을 절대로 놓치시지 않는다는 사실을 다시 한번 확인하고, 이 세상에서 조급해하지 말아야지 하고 다짐해봅니다.

《성경》을 찾았습니다. 〈사도행전〉 8장 26절에서 29절을 읽어봅니다.

(8:26) 주님의 천사가 빌립에게 말했습니다. "일어나 예루살렘에서 가사로 내려가는 남쪽 길로 가거라. 그 길은 광야 길이다."

(8:27) 빌립이 일어나 가다가 길에서 에티오피아 사람 하나를 만났습니다. 그는 에티오피아의 여왕 간다게의 높은 관리로서, 여왕의 재정을 맡은 사람이었는데, 내시였습니다. 그는 예루살렘에 예배드리러 왔다가

(8:28) 본국으로 돌아가는 길이었습니다. 그는 마차에 앉아서 예언자 이사야의 글을 읽고 있었습니다.

(8:29) 성령이 빌립에게 "저 마차로 가까이 가거라." 하고 말씀하셨습니다.

놀랍게도 《성경》에서 이미 천사를 통해, 때로는 성령이 직접 음성으로 말씀하시고 있습니다. 우리도 하나님의 말씀에 귀를 기울여보는 것은 어떨까요?

감당치 못할 시험은 없다

어릴 때, 방학 때마다 잠깐씩이라도 외삼촌댁에서 지내곤 했습니다. 어린 사촌동생들과 함께 놀기도 했는데, 큰아이가 한돌이었습니다. 한돌이는 중증 자폐를 앓는 말 한마디 못하는 여동생을 짜증 한 번 안 내고 봐주는 아이였습니다. 동생에게 한없이 잘하는 착한 오빠였지요.

역시 한돌이는 여동생을 고쳐주고 싶은 마음에 스스로 의사의 길을 선택합니다. 의사가 되었지만, 동생을 고쳐줄 수는 없었고, 의료선교사가 되겠다고 하나님께 서원합니다. 그러나 자신도 왼쪽 눈으로 오는 중증근무력증이라는 희귀한 병에 걸리고 맙니다.

다들 걱정하고 말렸지만, 하나님께 드린 약속을 지켜야 한다며, 그래야 죽더라도 하나님 앞에 가서 말할 수 있다며, 아프리카로 떠납니다. 의사 선교사로 말입니다. 한돌이를 위한 파송예배

때, 저는 그만 울고 말았습니다. 목사님이신 외삼촌께서, 아픈 아들을 말리고 싶은 아버지의 마음과, 축하와 격려해야 하는 목사의 마음이 있는데, 솔직히 아버지의 마음이 더 강하게 든다고 고백하셔서입니다.

제 동생 이한돌이 바로 아프리카 나이지리아로 파송된 의사 이재혁 선교사입니다. 한돌이라는 이름은 베드로 같은 큰 반석이 되라고 외삼촌이 지어준 이름이었는데, 할아버지께서 이름에 '돌' 자가 들어가는 것을 반대하시며 '재혁'이라는 이름을 다시 지어 호적에 올렸습니다.

스테로이드라는 약을 20년이 넘도록 지금도 먹어야 견딜 수 있는 삶을 살면서도, 기쁘게 주님의 제자된 삶을 실천하는 동생을 보면 고개가 숙여집니다.

이재혁 선교사가 보내온 편지의 한 구절을 소개합니다.

"삶의 아픔이 크게 다가올 때 두 가지를 기억합니다. 첫째 그리스도의 십자가 사건보다 큰일은 없다. 둘째 감당치 못할 시험은 허락하지 아니하신다."

코로나로 인하여 모든 것이 바뀌었으나, 그래도 십자가 앞으

삶의 아픔이 크게 다가올 때 두 가지를 기억합니다.
첫째 그리스도의 십자가 사건보다 큰일은 없다.
둘째 감당치 못할 시험은 허락하지 아니하신다.

로 나가 무릎 꿇고 찾을 수 있는 우리의 자리가 있습니다. 코로나로 인하여 버거워진 삶의 무게가 있지만, 주님도 알고 계십니다. 용기를 내십시오. 주님께서는 감당할 힘과 피할 길을 주실 것입니다.

마음이 두려움으로 채워질 때마다 우리는 사랑을 구해야 합니다. 제가 좋아하는 〈요한일서〉 4장 18절을 기억하십니까?

"사랑 안에 두려움이 없고, 온전한 사랑이 두려움을 내쫓나니"를 큰 소리로 외쳐보면서 오늘을 시작해보실까요?

주님의 음성을 듣다

　록펠러에 대해서 우리가 흔히 알고 있는 것은 이렇습니다. 엄청난 부자라는 것, 십일조를 잘했다는 것, 믿음의 어머니가 계셨다는 것이지요.

　제가 주목하는 부분은 바로 이것입니다. 그가 처음 기업을 시작했을 때, 광산을 사게 되었습니다. 그런데 광산에서는 아무것도 나오지 않고, 투자는 계속해야 하는 상황이고 사기까지 당했으니, 이제는 망하는 일만 남았을 때였습니다. 죽고 싶었다고 합니다. 그는 광구에 엎드려 눈물을 흘리다 기도하기 시작했습니다. 한참을 그렇게 기도했는데, 갑자기 마음속 깊은 곳에서 주님의 음성을 듣게 됩니다.

　"때가 되면 열매를 거두리라. 낙심 말고 더 깊이 파라."

광부들을 설득하고 설득하여 깊이 파기 시작했고, 결국엔 석유가 솟구쳐 나왔습니다. 이렇게 해서 부자가 되었는데, 어찌 주님을 잊을 수 있었을까요? 99세까지 살았다고 하니 하나님이 엄청 이쁘게 보셨나봅니다. 제가 좋아하는 간증입니다.

야곱도 꿈을 꿉니다. 직접적으로 하나님이 나타나시는 장면이 있습니다.

창세기

(28:12) 꿈에 본즉 사닥다리가 땅 위에 서 있는 그 꼭대기가 하늘에 닿았고 또 본즉 하나님의 사자들이 그 위에서 오르락내리락 하고

(28:13) 또 본즉 여호와께서 그 위에 서서 이르시되 나는 여호와니 너의 조부 아브라함의 하나님이요 이삭의 하나님이라 네가 누워 있는 땅을 내가 너와 네 자손에게 주리니

(28:14) 네 자손이 땅의 티끌같이 되어 네가 서쪽과 동쪽과 북쪽과 남쪽으로 퍼져나갈지며 땅의 모든 족속이 너와 네 자손으로 말미암아 복을 받으리라

(28:15) 내가 너와 함께 있어 네가 어디로 가든지 너를 지키며 너를 이끌어 이 땅으로 돌아오게 할지라 내가 네게 허락한 것을 다

이루기까지 너를 떠나지 아니하리라 하신지라

(28:16) 야곱이 잠이 깨어 이르되 여호와께서 과연 여기 계시거늘 내가 알지 못하였도다

아마도 그때 야곱은 감격하여 팔짝팔짝 뛰다가 춤도 추고 하지 않았을까요? 얼마나 좋았을지 안 봐도 상상이 갑니다.

오늘은 기도의 깊은 곳에서 하나님의 음성을 듣게 되는 하루, 꿈꾸는 하루가 되길 기도드립니다.

미래를 꿈꾸도록
인도하신다

잠에서 깨었을 때 기억나는 꿈을 자주 꾸시나요? 결정적인 순간에 마치 미래를 알려주는 듯한 꿈을 꿀 때가 있으신가요?《성경》에는 요셉이 그랬습니다.

창세기

(37:5) 요셉이 꿈을 꾸고 자기 형들에게 말하매 그들이 그를 더욱 미워하였더라

(37:6) 요셉이 그들에게 이르되 청하건대 내가 꾼 꿈을 들으시오

(37:7) 우리가 밭에서 곡식 단을 묶더니 내 단은 일어서고 당신들의 단은 내 단을 둘러서서 절하더이다

(37:8) 그의 형들이 그에게 이르되 네가 참으로 우리의 왕이 되겠

느냐 참으로 우리를 다스리게 되겠느냐 하고 그의 꿈과 그의 말로 말미암아 그를 더욱 미워하더니

(37:9) 요셉이 다시 꿈을 꾸고 그의 형들에게 말하여 이르되 내가 또 꿈을 꾼즉 해와 달과 열한 별이 내게 절하더이다 하니라

(37:10) 그가 그의 꿈을 아버지와 형들에게 말하매 아버지가 그를 꾸짖고 그에게 이르되 네가 꾼 꿈이 무엇이냐 나와 네 어머니와 네 형들이 참으로 가서 땅에 엎드려 네게 절하겠느냐

(37:11) 그의 형들은 시기하되 그의 아버지는 그 말을 간직해 두었더라

요셉은 성장하면서 알았겠지요. 이 꿈이 하나님이 주셨다는 것과 미래에 자신이 큰 인물이 될 것이라는 것을요.

하나님은 참 좋은 분이십니다. 요셉에게 요셉을 크게 사용할 것임을 미리 알려주셨으니까요. 요셉에게 어떤 어려움이 닥쳐도 두려워하지 말고, 주님만 믿고 때를 기다릴 것을 꿈으로 말씀해 주셨기 때문입니다.

그래서 요셉은 견딜 수 있었겠지요. 좋으신 우리 하나님은 요셉을 미리 안심시켰듯이, 우리에게도 그리하십니다. 결국 요셉은 애굽의 총리가 되고 꿈은 현실이 되어 펼쳐집니다. 너무나 멋진 인생입니다.

제가 뽑은 핵심 키워드는 좋으신 하나님, 미래를 꿈꾸도록 인도해주시는 하나님, 약속을 지키시는 하나님입니다.

오늘은 《성경》에서 꿈 이야기만 찾아보심 어떠실까요?

특별한 꿈을 꾸다

오늘도 꿈 이야기인데요. 특이한 꿈을 꾸신 적이 있으신가요? 꿈 내용이 특이하고 생생하여 또렷이 기억나는 그런 꿈 말입니다. 그리고 그 꿈을 통해 깨달음을, 그 깨달음을 통해 힘과 희망을 갖게 되는 그런 경험이 있으신가요?

《성경》에서 야곱이 그랬습니다. 〈창세기〉 28장 10절부터 읽어 보겠습니다.

창세기

(28:10) 야곱이 브엘세바에서 떠나 하란으로 향하여 가더니

(28:11) 한 곳에 이르러는 해가 진지라 거기서 유숙하려고 그 곳의 한 돌을 가져다가 베개로 삼고 거기 누워 자더니

야곱이 잠에서 깨었을 때 얼마나 행복했을지 상상이 되시나요?
'하나님이 내 곁에 계셨구나' 하는 감격의 고백을 했을 겁니다.
나의 하나님, 나의 하나님 찬양을 했을 거고요.
얼마나 좋으면, 하나님께서 주신 모든 것에서
십분의 일을 하나님께 드리겠다고 약속했을까요?

(28:12) 꿈에 본즉 사닥다리가 땅 위에 서 있는데 그 꼭대기가 하늘에 닿았고 또 본즉 하나님의 사자들이 그 위에서 오르락내리락 하고

(28:13) 또 본즉 여호와께서 그 위에 서서 이르시되 나는 여호와니 너의 조부 아브라함의 하나님이요 이삭의 하나님이라 네가 누워 있는 땅을 내가 너와 네 자손에게 주리니

(28:14) 네 자손이 땅의 티끌 같이 되어 네가 서쪽과 동쪽과 북쪽과 남쪽으로 퍼져나갈지며 땅의 모든 족속이 너와 네 자손으로 말미암아 복을 받으리라

(28:15) 내가 너와 함께 있어 네가 어디로 가든지 너를 지키며 너를 이끌어 이 땅으로 돌아오게 할지라 내가 네게 허락한 것을 다 이루기까지 너를 떠나지 아니하리라 하신지라

야곱이 잠에서 깨었을 때 얼마나 행복했을지 상상이 되시나요? '하나님이 내 곁에 계셨구나' 하는 감격의 고백을 했을 겁니다. 나의 하나님, 나의 하나님 찬양을 했을 거고요. 얼마나 좋으면, 하나님께서 주신 모든 것에서 십분의 일을 하나님께 드리겠다고 약속했을까요?

저는 가난했던 젊은 날 한 사람 누울 수 있는 그 좁은 공간의

고시원에서 생활한 적이 있었습니다. 어느 날 그곳에서 잠시 졸다가 꿈을 꾸었는데 하늘을 날면서 세계일주를 하는 꿈이었습니다. 잠에서 깨어 그저 눈물이 나는 거였습니다. '하나님이 나를 위로하셔서 꿈에서라도 세계일주를 시켜주시는구나' 하는 깨달음이 오자 눈물이 나기 시작했습니다.

처음으로 감사합니다 소리가 나오기 시작했습니다. '하나님이 내 곁에 계시는구나. 나를 지켜주시는구나.' 하는 믿음이 내게 평안을 가져다주었습니다. 시험에 대한 불안이 사라지고, 그냥 시험에 합격할 것 같은 믿음이 생기기 시작했습니다. 결국 저는 사법시험에 합격하고야 말았지요.

오늘도 《성경》의 꿈 이야기를 다시 찾아보심 어떨까요?

모세도 하나님께 질문했다

제 나이 20살에 어머니가 날 낳으신 분이 아니라는 것을 처음 들었을 때, 그냥 눈물이 났습니다. 내 안에 눈물이 그렇게 많은 지 그때 처음 알았습니다. 끝도 없이 나오는 눈물에 눈을 뜰 수가 없을 정도였고, 마냥 흐르는 눈물에 정신줄을 놓아버릴 정도였습니다.

이 사건으로 저는 진정 하나님께 질문하기 시작했습니다. 하나님, 진짜 계시나요? 하나님, 진짜 저를 만드셨나요? 하나님, 진짜 우리 엄마 데려가셨나요? 하나님, 진짜 이 세상을 만드셨나요? 사람이 살고 죽는 거 다 하나님 손에 달렸나요? 하나님이 살아 계시다는 것 믿게 해주세요.

질문을 통하여 오로지 하나님께 집중했던 시간들, 하나님께 더 가까이 한 시간들, 하나님을 알게 한 시간들로 충만했던 나날들이었습니다. 그 시간들이 있었기에 오늘이 있음을 고백합니다.

〈출애굽기〉를 읽으면서 모세를 생각했습니다. 모세는 살면서 하나님께 질문하지 않았을까요? 날 낳아준 부모는 노예인데, 나는 왜 왕자로 이곳에 있는지, 하나님의 뜻은 무엇인지 계속 묻지 않았을까요?

《성경》에는 나와 있지 않지만, 추측건대 하나님을 향한 모세의 질문의 시간들이 있었을 것입니다. 《성경》에 나와 있는 모세의 질문을 보겠습니다.

출애굽기

(3:11) 모세가 하나님께 아뢰되 내가 누구이기에 바로에게 가며 이스라엘 자손을 애굽에서 인도하여 내리이까

(3:13) 모세가 하나님께 아뢰되 내가 이스라엘 자손에게 가서 이르기를 너희의 조상의 하나님이 나를 너희에게 보내셨다 하면 그들이 내게 묻기를 그의 이름이 무엇이냐 하리니 내가 무엇이라고 그들에게 답하리이까

(4:1) 모세가 대답하여 이르되 그러나 그들이 나를 믿지 아니하며 내 말을 듣지 아니하고 이르기를 여호와께서 네게 나타나지

아니하셨다 하리이다

(5:22) 모세가 여호와께 돌아와서 아뢰되 주여 어찌하여 이 백성
이 학대를 당하게 하셨나이까 어찌하여 나를 보내셨나이까

(6:30) 모세가 여호와 앞에서 아뢰되 나는 입이 둔한 자이오니 바
로가 어찌 나의 말을 들으리이까

오늘은 하나님께 질문하는 시간들로 채워보시면 어떠실까요?
주여, 이 코로나는 언제 종식되나요?

마음속에 음악이 있었다

〈쇼생크 탈출〉은 몇 번을 보았는지 셀 수가 없을 정도로 자주 보게 되는 영화입니다. 악명 높은 쇼생크 교도소에 수감된 주인공 앤디는 억울해도 너무 억울합니다. 자신의 아내와 아내의 정부를 살해했다는 누명을 썼으니까요.

잘나가는 은행원이었던 앤디는 부패한 교도소장과 적당히 타협하여 탈세를 도와주고 신임을 받게 됩니다. 그 틈을 이용하여 문을 잠그고 모차르트의 오페라 〈피가로의 결혼〉 중 〈편지의 이중창〉을 스피커를 통해 교도소 전체에 울려 퍼지게 만들어버립니다. 죄수들과 교도관들까지도 넋을 놓고 듣고 있는 장면이 눈에 선합니다.

그들은 무엇을 생각했을까요. 이런 대사가 있습니다.

하나님의 말씀과 믿음이 우리 안에 있기만 하면
그것이 희망이 되어 결국 성공에 이르게 한다는 공식이
만들어지는 게 아닐까요?

"그 짧은 순간, 쇼생크에 있는 우리 모두는 자유를 느꼈다."

결국 엔디는 이 일로 2주간 독방에 있어야 했습니다. 그리고 그 후 독방에서 나와서 이렇게 동료 죄수들과 대화합니다.

"독방이 쉬울 리 있나? 일주일이 일 년 같을 텐데."
"모차르트 씨가 친구가 되어주었지."
"독방에 축음기를 갖고 들어갔단 말이야?"
"이 안(머리)에 음악이 있었어. 이 안(마음속)에도…. 그래서 음악이 아름다운 거야. 그건 빼앗아 갈 수 없거든. 다들 음악에 대해서 그렇게 안 느껴봤어?"

끝까지 음악을 가슴에 품고 있었던 앤디는 탈출에 성공합니다. 엔디에게 음악은 희망이었습니다. 절대로 포기하지 않겠다는 희망 말입니다.
그런데 저는 자꾸 성경 말씀이 떠오릅니다.

요한일서

(5:4) 무릇 하나님께로부터 난 자마다 세상을 이기느니라 세상을

이기는 승리는 이것이니 우리의 믿음이니라

시편

(119:92) 주의 법이 나의 즐거움이 되지 아니하였더면 내가 내 고
난 중에 멸망하였으리이다
(119:93) 내가 주의 법도들을 영원히 잊지 아니하오니 주께서 이
것들 때문에 나를 살게 하심이니이다

하나님의 말씀과 믿음이 우리 안에 있기만 하면 그것이 희망
이 되어 결국 성공에 이르게 한다는 공식이 만들어지는 게 아닐
까요?

오늘은 잠시 하던 일을 멈추고, 모차르트의 오페라를 들어보
고 싶은 날입니다.

그리스도의 이름으로 명합니다.
멈추시오!

레이건 미국 대통령이 국가조찬기도회에서 했던 연설의 마지막 말이 생각나는 날입니다. 그래서 다시 찾아보았습니다.

"작은 소리가 소란에 묻혀 들리지 않을 수 있습니다. 그러나 그리스도의 이름으로 명합니다. 멈추시오!"

'이 세상에서 주님을 향한 내 목소리가 세상의 목소리에 묻혀 들리지 않을 수 있다고 해도 포기하지 않고 절망하지 않고 목소리를 내야 한다는 하나님의 음성이 아닐까?' 그렇게 들렸습니다. 주님을 향해 사랑한다는 고백이 멈출 수는 없는 것이니까 어찌 보면 당연한 것 아닌가 하면서 그 이야기에 계속 빠져봅니다.

레이건 미국 대통령은 어느 날 국가조찬기도회에서 4세기 수

도사 텔레마코스(Telemachus) 이야기를 했습니다.

텔레마코스는 기도만 하는 사람이었는데, 어느 날 기도 중에 로마로 가라는 주님의 음성을 듣게 됩니다. 결국 로마로 가게 되고 가보니 축제가 열리고 있었습니다. 콜로세움으로 들어가게 되고, 검투사들의 목숨을 걸고 죽이는 싸움에 흥분하는 관중을 보게 됩니다.

"그리스도의 이름으로 명합니다. 멈추시오!"

그러나 그의 목소리는 그 소란 속에 묻혀버립니다. 이에 굴하지 않고, 경기장 안으로 뛰어들어 외칩니다.

"그리스도의 이름으로 명합니다. 멈추시오!"

순간 검투사 한 명이 그를 칼로 찔러버립니다. 죽어가는 마지막 순간에도 "그리스도의 이름으로 명합니다. 멈추시오!"를 외칩니다.

그 뒤는 어떻게 되었을까요? 사람들이 경기장을 빠져나갔습니다. 이 일을 계기로 검투사들의 싸움은 중단되었습니다. 영화에서 종종 보게 되었던 로마의 검투사들의 싸움경기가 이렇게 중단

되었다니 참으로 놀랍습니다.

기도하는 힘과 기도를 통해 행동에 옮기는 그 힘은 같은 걸까요, 다른 걸까요? 그 두 가지가 함께 움직인다면 세상을 바꾸고 기적을 만들어낸다는 진리를 다시 보게 됩니다.

역대하

(7:14) 내 이름으로 일컫는 내 백성이 그 악한 길에서 떠나 스스로 겸비하고 기도하여 내 얼굴을 구하면 내가 하늘에서 듣고 그 죄를 사하고 그 땅을 고칠지라

오늘도 좋은 하루, 기적의 하루라 고맙습니다.

오지랖을 피워서라도
누군가를 도와주는 하루

669명, 이 숫자를 잊을 수가 없습니다. '영국의 쉰들러'라고 불리는 니콜라스 윈턴이 자신의 돈과 노력을 다해 생명을 구했던 아이들의 숫자입니다. 기독교 신자였고 하나님을 알았던 사람, 29세의 부자 청년이었던 그는 스키 타러 가는 중에 친구의 다급한 연락을 받게 됩니다. 유태인 아이들을 구해달라는 요청이었지요.

체코에서 유태인 난민 캠프에 있던 아이들을 보게 되고, 아이들을 구해야겠다고 마음먹게 됩니다. 자신의 본국인 영국으로 입양시키기, 입양가정과 절차 밟기, 체코에서 영국으로 아이들을 옮겨야 하는데 열차가 필요했습니다. 생각만 해도 아찔합니다. 돈도 필요하고, 사람도 필요하고, 용기도 필요하고, 순간순간 기도하면서 나갔을 것입니다.

그 결과 약 5개월간 8번의 열차운행으로 669명의 아이들이 살게 됩니다. 마지막 9번째 열차에 태운
250명의 아이들이 그만 2차세계대전 발
발로 실패하고 죽게 됩니다. 바로 이 250
명의 아이들 때문에 홀로 자책하고 고통
받았던 윈턴 경은 669명의 자료들을 모
두 없애버리려고 하지만 아내의 간곡한
설득으로 세상에 알려지게 됩니다. 윈턴

니콜라스 윈턴

경이 실려낸 669명은 6,000명의 가족으로 성장해 있었습니다.

그 감동의 장면이 BBC 방송을 통해 전 세계에 알려지게 됩니다. 그의 홈페이지에는 이런 글이 있습니다.

"잘못을 하지 않은 것으로 만족하지 말고 매일매일 어떤 선행을 행하도록 준비하라."

'하나님이 이 사람을 통해서 아이들을 구하셨구나.' 하는 생각이 확 드시나요? 《성경》을 찾아봅니다.

누가복음

(10:30) 예수께서 대답하여 이르시되 어떤 사람이 예루살렘에서
여리고로 내려가다가 강도를 만나매 강도들이 그 옷을 벗기고 때

려 거의 죽은 것을 버리고 갔더라

(10:31) 마침 한 제사장이 그 길로 내려가다가 그를 보고 피하여 지나가고

(10:32) 또 이와 같이 한 레위인도 그곳에 이르러 그를 보고 피하여 지나가되

(10:33) 어떤 사마리아 사람은 여행하는 중 거기 이르러 그를 보고 불쌍히 여겨

(10:34) 가까이 가서 기름과 포도주를 그 상처에 붓고 싸매고 자기 짐승에 태워 주막으로 데리고 가서 돌보아 주니라

(10:35) 그 이튿날 그가 주막 주인에게 데나리온 둘을 내어 주며 이르되 이 사람을 돌보아 주라 비용이 더 들면 내가 돌아올 때에 갚으리라 하였으니

(10:36) 네 생각에는 이 세 사람 중에 누가 강도 만난 자의 이웃이 되겠느냐

(10:37) 이르되 자비를 베푼 자니이다 예수께서 이르시되 가서 너도 이와 같이 하라 하시니라

오지랖을 피워서라도 누군가를 도와주는 하루, 오늘도 좋은 하루가 고맙습니다.

질 것이 뻔한 싸움일지라도

전쟁에 질 것이 뻔한데 반드시 싸워야 하는 장수의 마음은 어떠할까요? 질 것이 뻔한 선거인데도 후보로 나가서 싸워야 할 때의 마음도 마찬가지입니다. 그런 경우가 저에게 있었습니다. 신나지도 않고, 열정도 나오지 않으니, 열심히 할 수도 없는 그런 상황이 도래하지요.

그래서 저는 저만의 전략을 짰습니다. '이 시간을 오로지 주님께 바치는 시간으로 돌려버리자. 주님만 바라보고, 주님이 제가 하는 이 열심을 보시고 혹시 불쌍해서 이기게 해주시지 않을까?' 하는 마음으로 말입니다.

그렇게 하면, 열정이 살아나고, 그저 선거의 결과는 주님께 맡기게 됩니다. 결과가 예상대로 실패하더라도 감사할 수 있는 이유입니다.

대한민국이 주님 손에 있습니다.
나라를 위해서 계속해서 나라를 위해서
함께 기도하기를 소망합니다.

한번은 이런 적이 있었습니다. 2018년 어차피 지는 선거였지만, 그걸 알고 출마했지만, 선거기간 내내 새벽기도를 했습니다. 몸이 천근만근이어도 빠지지 않았습니다. 주님께 하소연하는 시간이 제일 행복했기에 반드시 교회로 가야만 했습니다. 이 시간이 참으로 행복했습니다.

그러던 어느 날, 새벽에 잠이 깨어, 일어날 시간이구나 하고 시간을 확인하니 아직 새벽 3시 조금 더 잘 수 있겠구나 싶어 다시 누웠습니다. '아이고, 하나님 저 너무 힘들어요. 깨우지 마세요. 아직 새벽기도 시간 아니잖아요.' 하고 다시 잠들었습니다. 그다음 날도 똑같은 일이 반복되었습니다. '아이고, 하나님 깨우지 마세요, 저 더 자야 해요.' 그다음 날도 여지없이 또 새벽에 잠이 깨는 겁니다.

사실 논리적으로는 절대적으로 잠이 부족한 상태였기에 새벽에 깰 수가 없는 겁니다. 누우면 잠들고 깨워야 일어나는 것이 정상적인데 자발적으로 잠이 깬다는 것은 말이 안 되는 상황이었습니다. 그래서 세 번째는 일어나서 기도를 하고, 《성경》을 읽기 시작했습니다.

그 당시 제 기도는 대한민국을 향한 기도였습니다. 대한민국의 미래가 어떻게 전개될지 깨달음을 달라고 주님께 매달렸던 때였습니다. 오직 그 기도로 새벽을 불태웠습니다. 《성경》을 펼치고 읽어나가는데 깨달음이 샘솟듯 마음속으로 흘러들어왔습니다. 그 구절이 아직도 제 마음속에 살아 있습니다.

그때 주신 말씀은 〈이사야〉 47장 6절에서 15절까지인데, 저와 함께 10절부터 함께 나누겠습니다.

이사야서

(47:10) 내가 네 악을 의지하고 스스로 이르기를 나를 보는 자가 없다 하나니 네 지혜와 네 지식이 너를 유혹하였음이라. 네 마음에 이르기를 나뿐이라 나 외에 다른 이가 없다 하였으므로

(47:11) 재앙이 네게 임하리라 그러나 네가 그 근원을 알지 못할 것이며 손해가 네게 이르리라 그러나 이를 물리칠 능력이 없을 것이며 파멸이 홀연히 네게 임하리라 그러나 네가 알지 못할 것이니라

(47:12) 이제 너는 젊어서부터 힘쓰던 주문과 많은 주술을 가지고 맞서보라, 혹시 유익을 얻을 수 있을는지 혹시 놀라게 할 수 있을는지

(47:13) 네가 많은 계략으로 말미암아 피곤하게 되었도다, 하늘을 살피는 자와 별을 보는 자와 초하룻날에 예고하는 자들에게 일어나 네게 임할 그 일에서 너를 구원하게 하여보라

(47:14) 보라 그들은 초개 같아서 불에 타리니 그 불꽃의 세력에서 스스로 구원하지 못할 것이라 이 불은 덥게 할 숯불이 아니요 그 앞에 앉을 만한 불도 아니니라
(47:15) 네가 같이 힘쓰던 자들이 네게 이같이 되리니 어려서부터 너와 함께 장사하던 자들이 각기 제 길로 흩어지고 너를 구원할 자가 없으리라

대한민국이 주님 손에 있습니다. 나라를 위해서 계속해서 나라를 위해서 함께 기도하기를 소망합니다.

기도하는 사람을
누가 이길 수 있을까?

나폴레옹을 상대해서 이긴 영국의 장군이 넬슨과 웰링턴입니다. 특히 넬슨 장군은 우리의 이순신 장군에 비교되는 인물이지만, 홀로 외롭게 싸운 이순신 장군에게 영국의 국력이 모두 뒷받침된 상태에서 싸운 넬슨을 비교할 수는 없습니다. 아무튼 그 넬슨은 승승장구하던 나폴레옹을 무찌르고 영국을 구합니다.

영국의 자랑인 넬슨 장군은 목사의 아들로 태어났습니다. 그리고 하나님께 기도하는 사람이었습니다. 전쟁터에서 죽기 전 그의 마지막 기도는 "여한이 없다, 하나님께 감사드린다. 나는 나의 의무를 다했다."였습니다.

갑판 위에서 기도하는 넬슨을 상상해봅니다. 그가 붙들고 기도했던 《성경》 말씀이 바로 이 구절입니다.

(127:1) 여호와께서 집을 세우지 아니하시면 세우는 자의 수고가 헛되고 여호와께서 성을 지키지 아니하시면 파수꾼의 깨어 있음이 헛되도다

이렇게까지 하나님께 매달리고 기도하는 장군 넬슨을 누가 이길 수 있었을까요? 처음부터 승패가 정해진 전쟁이었다는 생각이 듭니다.

그리고 나폴레옹의 마지막 전투인 워털루에서 나폴레옹을 무찌르고 승리한 영국의 웰링턴이 있습니다.

영국 여왕이 너무 기뻐 장군을 기다리며 성대한 파티를 열어주려고 했더니 이를 정중하게 거절하고 웰링턴 장군이 간 곳은 교회였습니다. 가장 좋은 자리로 안내하려고 하는 부하들을 말리며 이 교회 안에 있는 모든 사람들 역시 나와 같은 하나님의 자녀이고, 다 똑같이 하나님의 축복을 받을 권리가 있다며 구석진 자리에서 예배를 드렸다고 합니다.

하나님을 경외하고, 하나님 앞에서 겸손하고, 전쟁은 하나님께 속한 것이라는 것을 알고 있었던 장군들, 결국 장군들을 통해 영

국은 하나님의 축복을 받게 됩니다.

〈사무엘상〉 17장은 그 유명한 다윗과 골리앗 싸움 이야기입니다.

사무엘상

(17:45) 다윗이 블레셋 사람에게 이르되 너는 칼과 창과 단창으로 내게 나아오거니와 나는 만군의 여호와의 이름 곧 네가 모욕하는 이스라엘 군대의 하나님의 이름으로 네게 나아가노라

(17:46) 오늘 여호와께서 너를 내 손에 넘기시리니 내가 너를 쳐서 네 목을 베고 블레셋 군대의 시체를 오늘 공중의 새와 땅의 들짐승에게 주어 온 땅으로 이스라엘에 하나님이 계신 줄 알게 하겠고

(17:47) 또 여호와의 구원하심이 칼과 창에 있지 아니함을 이 무리에게 알게 하리라 전쟁은 여호와께 속한 것인즉 그가 너희를 우리 손에 넘기시리라

오늘도 승리하는 하루, 오늘도 좋은 하루라 고맙습니다.

기도, 기도, 기도뿐

어린 시절 월남전 참전 용사였던 아버지로부터 전쟁 이야기를 시도 때도 없이 듣고 자랐습니다. 전쟁 이야기를 하도 많이 듣다 보니 교과서에 나오는 전쟁마다, 최고 대장이 되어 어떻게 작전을 세워 이길까를 상상하는 일로 시간을 보내기 일쑤였습니다. 지금 생각해도 웃음이 나옵니다.

언제나 변수는 늘 날씨와 지형이었습니다. 노르망디 상륙작전, 히틀러를 패배로 이끌었던 결정적인 연합군의 작전, 최고사령관 아이젠하워 장군, 하나님의 사람. 무슨 일이 벌어질지 예측이 되시지요?

상륙작전이 있기 전 아이젠하워는 기도합니다. 그는 알았습니다. 전쟁은 하나님 손에 달려 있다는 것을요. 부하들에게 이렇게 말합니다.

"이제 운명의 시간이 다가왔습니다. 우리의 모든 지식과 훈련받은 것을 동원할 시간이 다가온 것입니다. 그리고 이 모든 것은 하나님의 손안에 있습니다. 하나님 손에 모든 것을 맡겼으니 우리는 행동으로 들어갑시다."

1년간 준비했건만, 작전수행 전날 밤, 1944년 6월 6일은 폭우 안개 등으로 도저히 작전을 수행하기 어려웠습니다. 더구나 노르망디 해안은 험한 절벽입니다. 날씨를 주님께 맡기고, 감행합니다. 상륙 후 첫 3주 동안 연합군의 손실은 막대하였으나 결과적으로 날씨가 바뀝니다.

전쟁이 끝난 후 알려진 사실이지만 연합군의 판단과는 달리 당시 독일군 기상장교는 악천후가 계속될 것이라고 보고했다고 합니다. 이를 믿고 독일군은 방어가 소홀해졌고, 결과적으로 연합군의 승리를 가져오게 됩니다.

아이젠하워는 훗날 이렇게 고백합니다.

"우리와 함께하신 여호와께 감사를 드립니다."

결국 기도, 기도, 기도뿐이었습니다.

(17:47) 전쟁은 여호와께 속한 것인즉 그가 너희를 우리 손에 붙이시리라

오늘도 승리하는 하루, 행복한 하루라 고맙습니다.

하나님께서 앞서가신다

　어처구니없는 일이 벌어지면 아무리 작은 거라도, 특히 전쟁 중에 일어나면 어떻게 될까요? 치명적이겠지요.

　연합군의 노르망디 상륙작전 1944년 6월 6일입니다. 6월 4일, 6월 5일 날씨가 너무 안 좋았고, 예보도 그랬고 하니 독일의 롬멜 장군은 연합군이 상륙하지 못할 거라고 판단합니다. 거기까지는 좋았는데, 아내의 생일파티 하러 전장터를 떠나 독일로 갔습니다. 지금 생각해봐도 어처구니가 없습니다. 전쟁의 책임자가 아내의 생일파티라니요. 이 중요한 순간에 말입니다. 하기사 히틀러는 수면제 먹고 자고 있었다고 하지요.

　연합군을 책임지는 장군은 아이젠하워였습니다. 6월 6일 새벽 날씨는 계속 악천후였지만 작전명령을 내립니다. 그리고 기도합니다. 이제 운명의 시간이 다가왔습니다. 우리의 모든 지식과 훈련받은 것을 동원할 시간입니다.

이 모든 것은 하나님의 손에 있습니다. 하나님께 모든 것을 맡겼으니 이제 우리는 행동을 개시해야 합니다. 역사의 가장 중요한 순간에 기도하는 사람이 있었다는 것, 결국 역사는 하나님의 이야기임을 증명하고 있습니다.

신기하게도 그 후로 날씨가 개면서 36시간 작전을 수행할 수 있었지요. 아이젠하워는 그때 하나님이 게심을 증명한 순간이었노라고 고백을 합니다.

아이젠하워는 전쟁 중에도 《성경》을 읽는 사람이었습니다. 그래서 그랬는지 장병들에게 이렇게 교육했습니다. 실을 가지고 뒤에서 밀어보라고, 그리고 다시 앞에서 당겨보라고요.

"실을 당기면 앞으로 따라옵니다. 그러나 실을 뒤에서 밀면 앞으로 가지 않고 꼬이고 구부러집니다."

리더는 앞에서 이끌어야 한다는 것이지요. 한 번도 가보지 않은 길을 앞장서서 가야 하는 것이 리더이지요.

《성경》에서 찾아봅니다.

(3:3) 백성에게 명령하여 이르되 너희는 레위 사람 제사장들이 너희 하나님 여호와의 언약궤 메는 것을 보거든 너희가 있는 곳을 떠나 그 뒤를 따르라(3:6) 여호수아가 또 제사장들에게 말하여 이르되 언약궤를 메고 백성에 앞서 건너라 하매 곧 언약궤를 메고 백성에 앞서 나아가니라

우리보다 앞서가시는 하나님, 그래서 두려워하지 말라고 하시는 하나님을 믿으며 오늘도 힘차게 사는 하루라 고맙습니다.

우리보다 앞서 가시는 하나님,

그래서 두려워하지 말라고 하시는 하나님을 믿으며

오늘도 힘차게 사는 하루라 고맙습니다.

진짜 성공의 길

머릿속이 복잡할 때는 어떻게 하시나요? 기도를 하시거나, 성경책을 펼치거나 하시겠지요. 그 외에 또 무엇을 하시나요? 저는 주로 위인전을 읽거나, 역사적 인물을 그린 드라마나 영화를 보곤 합니다. 신기한 것은 결국 찾게 되는 위대한 인물은 항상 링컨으로 결론이 난다는 사실입니다.

링컨에게는 두 어머니가 계셨습니다. 낳아주신 어머니 낸시 여사는 링컨에게 하나님, 곧 신앙과 희망을 심어주셨습니다. 링컨이 얼마나 어머니를 존경하고 사랑했는지 친구에게 한 고백을 통해서 알 수 있습니다.

"내가 아직 어려 글을 읽지 못할 때부터, 어머니께서는 날마다《성경》을 읽어주셨고, 나를 위해 기도하는 일을 쉬지 않으셨네. 통나무 집에서 읽어주시던 《성경》 말씀과 기도소리가 지금도 내 마음을 울리고 있네. 나의 오늘 나의 희망, 나의 모든 것은 천사와 같은 나의 어머니에게서 물려받은 것이라네."

어머니가 돌아가시고 얼마 후 아버지는 재혼을 하게 됩니다. 새어머니, 사라 부시 여사도 신앙의 사람이었습니다. 링컨은 이렇게 회고합니다.

"새어머니는 참 지혜로우셨고, 사랑이 많으셨습니다. 나에게 자주 《성경》 이야기를 들려주셨고, 특히 독서하는 습관을 길러 주셨습니다. 이 자리에 있기까지 나는 새어머니께 사랑과 신앙의 빚을 많이 졌습니다."

신앙의 두 어머니를 통해 링컨은 하나님을 알게 되고, 《성경》을 읽게 되고, 사랑을 알게 됩니다. 이 또한 하나님의 섭리가 아니었을까요?

우리의 아이들에게 반드시 읽혀야 하는 책이 《성경》이라는 것을 다시 한번 확인시켜주고 있습니다. 그것이 진짜 성공의 길임을 확인시켜주고 있는 것이지요.

잠언

(22:6) 마땅히 행할 길을 아이에게 가르치라 그리하면 늙어도 그
것을 떠나지 아니하리라

로마서

(8:28) 하나님을 사랑하는 자 곧 그 뜻대로 부르심을 입은 자들에
게는 모든 것이 협력하여 선을 이루느니라

오늘은 군대 간 막내를 생각하며, 그리고 군대에 있는 많은 아
들들을 생각하며 기도합니다. 하나님의 선한 도우심이 요모조모
로 그들과 함께 있기를 말입니다.

링컨의 야망

오랜 세월 동안 많은 사람들의 마음에 남아 있는 위대한 지도자 링컨이 한 연설 중에서 자신의 야망에 대해 언급했던 내용을 옮겨봅니다. 정치인이 자신의 야망을 이렇게 솔직하고 분명하게 드러낼 수 있는 사람, 역시 하나님의 사람이었기에 가능했겠지요.

"제게는 거역할 수 없는 야망이 있습니다. 하나님만이 제가 그 야망을 성취하기를 얼마나 고대하고 있으며, 얼마나 진실하게 기도하는지 아실 것입니다. 저 역시 정치적 명예에 관심이 많습니다. 하지만 그보다 앞서 저는 이 땅에 정의가 뿌리내리기를 간절히 원합니다.
미주리 타협안이 재개되어 노예 문제가 다시 번지고 어떻게 해볼 수 없는 적개심이 일어난다면 저는 원칙적으로 더글러스가 해임되어서는 안 된다고 생각하고, 제가 상원의원에 당선되는 것도 바라지 않습니다.

사실 누가 상원의원에 선출되느냐는 크게 중요하지 않습니다. 지금 우리에게 가장 중요한 문제는 사사로운 개인의 이익이나 정치적 이해관계를 뛰어넘는 것으로서 더글러스와 저의 혀는 모두가 무덤에서 침묵할 때에도 살아 숨 쉬며 불타오를 것입니다."

미국 역사상 가장 유명한 정치대결은 에이브러햄 링컨과 스테판 더글러스 간의 대결이었습니다. 위의 연설문은 노예 제도에 관한 논쟁 중에 썼던 링컨의 연설 중 일부입니다. 이기는 것이 목적이었던 더글러스의 야망에 비해, 링컨은 이기는 것이 중요한 것이 아니라 정의의 올바름, 대의가 가장 중요한 것이라는 야망을 밝혔습니다.

이 대목에서 링컨을 생각하며 《성경》을 펼쳐봅니다.

야고보서

(3:13) 너희 중에 지혜와 총명이 있는 자가 누구냐 그는 선행으로 말미암아 지혜의 온유함으로 그 행함을 보일지니라

(3:14) 그러나 너희 마음속에 독한 시기와 다툼이 있으면 자랑하지 말라 진리를 거슬러 거짓말하지 말라

(3:15) 이러한 지혜는 위로부터 내려온 것이 아니요 땅 위의 것이요 정욕의 것이요 귀신의 것이니

(3:16) 시기와 다툼이 있는 곳에는 혼란과 모든 악한 일이 있음이라

(3:17) 오직 위로부터 난 지혜는 첫째 성결하고 다음에 화평하고 관용하고 양순하며 긍휼과 선한 열매가 가득하고 편벽과 거짓이 없나니

(3:18) 화평케 하는 자들은 화평으로 심어 의의 열매를 거두느니라

오늘은 사랑하는 사람과 차를 마시며 링컨 이야기를 해보시면 어떠실까요?

당연한 것이
당연하지 않은 안타까운 현실

2007년 3월의 어느 휴일 집에서 인터넷 뉴스를 검색하던 중, 눈에 띄는 기사를 보게 되었습니다.

대법, CT 오독해 멀쩡한 환자 배 가른 의사 유죄
컴퓨터 단층 촬영(CT) 결과를 잘못 판독해 정상인을 급성충수염(맹장염) 환자로 알고 수술을 했다면, 업무상 과실치상 혐의가 인정된다는 대법원의 확정판결이 나왔다.

기사에 댓글이 달렸는데, 당연한 판결이 이렇게 기사화되는 이유가 더 궁금하다는 취지였습니다. '당연한'이라는 이 단어가 마음에 걸렸습니다. 세상은 당연한 것이 당연하지 않는 것이 되기도 하고, 당연하지 않은 것이 당연한 것이 되기도 합니다. 때로는 단순하게 때로는 교묘하게 뒤바뀌기도 합니다. 당연한 것을 당연하다고 말하는 일이 때로는 힘겨울 때가 많습니다.

바로 이 사건의 수사검사는 바로 저였습니다. 2003년의 그날이 생생하게 떠올랐지요. 아이가 생기기를 애타게 기다려온 20대 후반의 여성이 어느날 배가 아파 병원에 갔다가 맹장이 터졌으니 빨리 수술해야 한다는 진단을 받고 응급수술에 들어갔습니다.

막상 배를 열어보니 맹장은 멀쩡했고, 복통의 원인은 단순히 변비 때문이었습니다. 사실 그녀의 뱃속에는 태아가 자라고 있었고, 결국 수술을 위해 항생제를 다량 복용했던 그녀는 어쩔 수 없지만 아이를 포기할 수밖에 없었습니다.

검사 앞에서 하염없이 눈물만 흘리던 그녀, 그때부터 그녀의 눈물은 이미 내 것이 되어버렸고, 경찰은 무혐의 의견을 내고 있었기에, 오로지 그녀의 억울함은 내 손에 달려 있었습니다. 수개월을 노력한 끝에 의사의 오진을 입증해냈습니다.

당연한 것을 당연하다고 말하고 입증하고 재판에서 인정받는 일들이 당연하고 쉬워야 하는데, 현실은 그렇지 않습니다. 하나님이 진짜 살아계시다는 것이 당연한데, 이 당연한 사실을 증명하라고 하는 사람들에게 우리는 어찌해야 할까요? 어렵지만 해야 합니다. 그래서《성경》을 읽어야 하고, 말씀을 들어야 하지요.

하나님이 진짜 살아계시다는 것이 당연한데,

이 당연한 사실을 증명하라고 하는 사람들에게

우리는 어찌해야 할까요? 어렵지만 해야 합니다.

디모데후서

(3:16) 모든 성경은 하나님의 감동으로 된 것으로 교훈과 책망과 바르게 함과 의로 교육하기에 유익하니

(3:17) 이는 하나님의 사람으로 온전하게 하며 모든 선한 일을 행할 능력을 갖추게 하려 함이라

오늘도 좋은 하루라 고맙습니다.

스위스가 강국이 된 비밀

스위스 그 조그만 나라가 어떻게 세계적인 금융업, 제조업, 바이오 강국이 되었을까요? 스위스 루체른에 가면 유명한 조각상, 〈빈사의 사자상〉이라 불리는, 몸에 창이 꽂힌 채 죽어가는 고통스러운 사자의 모습을 볼 수 있습니다.

프랑스혁명 당시 루이 16세는 위험에 처해지자 자신을 지키던 스위스 용병들에게 계약기간이 남아 있었지만, 고국으로 돌아가도 좋다는 지시를 하게 됩니다. 그러나 스위스 용병 800여 명은 계약은 반드시 지켜야 한다며 끝까지 왕과 함께하다가 모두 전사하게 되었지요.

스위스 용병들은 왜 고국으로 도망가지 않았을까요? 당시 스위스는 너무나 가난했고, 대부분의 남성들은 유럽의 용병으로 먹고사는 신세였습니다. 전사한 어느 용병의 품에서 유서가 발견

되었습니다.

"우리가 왕과 맺은 계약을 지키지 않고 도망친다면 우리의 후
손들은 앞으로 아무도 용병으로 일하지 못할 것이다."

결국 이 이야기는 유
럽 전역에 퍼지게 됩니
다. 선조들의 결단과 희
생으로 스위스 용병은
최고의 대우를 받으면
서 왕가들과 계약을 맺
게 됩니다. 나라를 사랑

루체른, 〈빈사의 사자상〉

했기에, 나라의 장래가 걱정되었고, 그래서 책임감, 희생, 헌신이
뒤따르는 자연스러운 마음, 바로 이 마음이 오늘날의 스위스, 신
뢰할 수 있는 스위스를 만들어낸 비결이었습니다.

이야기만 들어도 마음이 '쿵' 합니다. 만약 루체른에 가서 〈빈
사의 사자상〉을 보게 된다면 눈물부터 쏟아지겠지요.

《성경》을 찾아봅니다.

(39:6) 주인이 그의 소유를 다 요셉의 손에 위탁하고 자기가 먹는 음식 외에는 간섭하지 아니하였더라 요셉은 용모가 빼어나고 아름다웠더라

(39:7) 그 후에 그의 주인의 아내가 요셉에게 눈짓하다가 동침하기를 청하니

(39:8) 요셉이 거절하며 자기 주인의 아내에게 이르되 내 주인이 집안의 모든 소유를 간섭하지 아니하고 다 내 손에 위탁하였으니

(39:9) 이 집에는 나보다 큰 이가 없으며 주인이 아무것도 내게 금하지 아니하였어도 금한 것은 당신뿐이니 당신은 그의 아내임이라 그런즉 내가 어찌 이 큰 악을 행하여 하나님께 죄를 지으리이까

(39:10) 여인이 날마다 요셉에게 청하였으나 요셉이 듣지 아니하여 동침하지 아니할뿐더러 함께 있지도 아니하니라

하나님과 맺은 약속을 떠올리며, 그 약속을 지키기로 다짐하는 하루, 오늘도 좋은 하루 고맙습니다.

두려워하지 말라

좋은 일을 해놓고도, 그 결과가 생각하지 못한 좋지 않은 상황으로 벌어졌을 때 어떤 마음일까요? 괜한 일을 한 건 아닌지, 굳이 하지 않아도 되는 거였는데, 이 걱정 저 걱정 하면서 우울함까지 찾아오고, 자책도 하고 후회도 하게 됩니다. 저도 이런 적이 꽤 있었습니다. 그때 제게 해답을 찾아주고 위로를 주었던《성경》구절이 있습니다.

〈창세기〉아브라함의 이야기입니다.

창세기

(14:14) 아브람이 그의 조카가 사로잡혔음을 듣고 집에서 길리고 훈련된 자 삼백십팔 명을 거느리고 단까지 쫓아가서

(14:15) 그와 그의 가신들이 나뉘어 밤에 그들을 쳐부수고 다메섹 왼편 호바까지 쫓아가

(14:16) 모든 빼앗겼던 재물과 자기의 조카 롯과 그의 재물과 또 부녀와 친척을 다 찾아왔더라

아브라함은 이렇게 좋은 일을 해놓고도 두려워합니다. 혹시나 그들이 보복하러 오면 어쩌나? 롯은 아브라함의 마음도 몰라주는 것 같고, 여러 가지로 이 걱정 저 걱정하다 보니 두려움이 오지 않았을까요? 그때 하나님이 나타나십니다.

창세기

(15:1) 이후에 여호와의 말씀이 환상 중에 아브람에게 임하여 이르시되 아브람아 두려워하지 말라 나는 네 방패요 너의 지극히 큰 상급이니라

와, 탄성이 나오는 구절입니다. 하나님은 아브라함의 속을 훤히 꿰고 계셨습니다. 두려워하지 말라고 걱정하지 말라고 내가 너의 방패가 되어주겠노라고 하십니다. 우리에게도 하나님은 이렇게 말씀하고 계십니다.

"두려워하지 말아라. 걱정하지 말아라. 내가 너의 방패가 되어주마."

그 순간 제게도 평안이 다시 찾아왔습니다. 오늘도 주님을 찬양하는 이유입니다. 오늘은 아브라함을 생각하면서, 두려움을 이기는 비결을 주변에 알려주심 어떠실까요?

고고학적으로 증명된
무너진 여리고성

무너지는 여리고성을 상상해봅니다. 당시 여리고성은 세상의 관점에서 보면 높은 곳에 위치하고, 이중성벽으로 난공불락이었습니다. 그러나 이스라엘 입장에서는 이 성을 점령하지 않고는 가나안 땅으로 들어갈 수가 없으니 죽기 살기로 이겨야 하는 전쟁이었겠지요.

그런데 하나님은 "그냥 걸어라. 큰 나팔을 불어라. 고함질러라. 그러면 이긴다."라고 하니 얼마나 황당했을까 짐작이 갑니다. 그런데 실제로 그렇게 해서 여리고성이 무너져버리니 참으로 황당하게 들리는 이야기이지요.

제2차 세계대전 당시 독일 히틀러의 과학자들은 바로 여기에서 힌트를 얻어 음파무기를 만듭니다. 엄청나게 메탄가스를 압축한 뒤 터뜨려 그 폭발 소리로 적을 공격하는 방식입니다. 보통 반경 50미터 안에 있는 사람들은 사망하는 정도의 굉음이지요. 소리로 무기를 만들 수 있다는 것을 증명해보인 겁니다.

오래전 미국의 워싱턴의 타코마 다리는 갑자기 무너져버립니다. 태풍도 견딜 수 있는 새 공법으로 만들었다고 했는데, 3개월 후 가벼운 바람에 무너집니다. 진동으로 인한 공명 때문이었다고 밝혀졌습니다. 그래서 지금의 다리는 공명현상이 생기지 않도록 설계한다고 합니다.

여리고성을 실제 발굴한 고고학자들에 의하면, 당시 그 성에서 나온 집기류와 성벽 잔해들을 조사한 결과 지진 등의 진동에 의하여 파괴된 것으로 보고 있다고 합니다. 즉, 《성경》의 무너진 여리고성은 황당한 이야기가 아니라, 실제 일어났던 역사라는 것을 확인시켜준 것이지요. 역시 모든 것이 하나님 손에 달려 있습니다.

〈여호수아〉 6장을 음미해보겠습니다.

여호수아

(6:1) 이스라엘 자손들로 말미암아 여리고는 굳게 닫혔고 출입하는 자가 없더라

(6:2) 여호와께서 여호수아에게 이르시되 보라 내가 여리고와 그

왕과 용사들을 네 손에 넘겨 주었으니

(6:3) 너희 모든 군사는 그 성을 둘러 성 주위를 매일 한 번씩 돌되 엿새 동안을 그리하라

(6:4) 제사장 일곱은 일곱 양각 나팔을 잡고 언약궤 앞에서 나아갈 것이요 일곱째 날에는 그 성을 일곱 번 돌며 그 제사장들은 나팔을 불 것이며

(6:5) 제사장들이 양각 나팔을 길게 불어 그 나팔 소리가 너희에게 들릴 때에는 백성은 다 큰 소리로 외쳐 부를 것이라 그리하면 그 성벽이 무너져 내리리니 백성은 각기 앞으로 올라갈지니라 하시매

오늘도 승리하는 하루, 걱정 근심 한방에 날려보내는 하루라고맙습니다.

위로와 충고의 말은 어렵다

살아가면서 많은 위로의 말을 건네기도 하고, 위로의 말을 듣기도 합니다. 충고를 하기도 하고 충고를 듣기도 합니다. 특히, 고통과 어려움이 찾아왔을 때, 하나님의 연단이라고, 기도하라고, 회개하지 않으면 안 된다고, 위로와 충고의 말을 듣게 됩니다.

문제는, 그 말로 인해서 오해가 되어 마음을 아프게 하고, 상처가 되고, 심지어는 교회조차 가지 못하게 되는 경우도 생깁니다. 이렇게 위로와 충고의 말은 어렵습니다.

우리는 어찌해야 할까요? 《성경》을 찾아봅니다.

욥기

(8:1) 수아 사람 빌닷이 대답하여 이르되

(8:2) 네가 어느 때까지 이런 말을 하겠으며 어느 때까지 네 입의

말이 거센 바람과 같겠는가

(8:3) 하나님이 어찌 정의를 굽게 하시겠으며 전능하신 이가 어찌 공의를 굽게 하시겠는가

(8:4) 네 자녀들이 주께 죄를 지었으므로 주께서 그들을 그 죄에 버려두셨나니

(8:5) 네가 만일 하나님을 찾으며 전능하신 이에게 간구하고

(8:6) 또 청결하고 정직하면 반드시 너를 돌보시고 네 의로운 처소를 평안하게 하실 것이라

(8:7) 네 시작은 미약하였으나 네 나중은 심히 창대하리라

빌닷의 모습은 어떠신가요? 그저 마음이 답답해옵니다.
욥의 대답입니다.

욥기

(9:11) 그가 내 앞으로 지나시나 내가 보지 못하며 그가 내 앞에서 움직이시나 내가 깨닫지 못하느니라

(9:12) 하나님이 빼앗으시면 누가 막을 수 있으며 무엇을 하시나이까 하고 누가 물을 수 있으랴

(9:13) 하나님이 진노를 돌이키지 아니하시나니 라합을 돕는 자

들이 그 밑에 굴복하겠거든

(9:14) 하물며 내가 감히 대답하겠으며 그 앞에서 무슨 말을 택하랴

(9:15) 가령 내가 의로울지라도 대답하지 못하겠고 나를 심판하실 그에게 간구할 뿐이며

(9:16) 가령 내가 그를 부르므로 그가 내게 대답하셨을지라도 내 음성을 들으셨다고는 내가 믿지 아니하리라

(9:17) *그가 폭풍으로 나를 치시고 까닭 없이 내 상처를 깊게 하시며*

(9:18) 나를 숨 쉬지 못하게 하시며 괴로움을 내게 채우시는구나

제가 찾은 답은 이렇습니다. 하나님은 좋으신 분이시고, 언제나 우리를 사랑하시고, 우리를 보호하시는 분이심을 알고 있습니다. 하나님은 하나님만의 계획을 가지고 계시고, 그 계획대로 움직이신다는 것을 인정합니다. 때로는 사전에, 때로는 사후에 우리에게 알려주십니다. 그래서 언제나 주님을 찬양합니다.

오늘 주님께 우리를 사랑하시고 보호하시는 분임을 고백해보시는 하루, 어떠실까요?

적이었던 두 사람이 만든 기적

오늘은 두 남자를 소개합니다. 한 사람은 영화 〈도라 도라 도라〉에서도 나왔던 일본군의 에이스 조종사 미쓰오 후치다입니다. '도라 도라 도라'는 원래는 호랑이를 뜻하지만, 일본의 진주만 공격 때, 그 성공을 뜻하는 암호였지요. 이 '도라 도라 도라'를 직접 전파한 사람, 바로 이 남자 미쓰오 후치다입니다.

미쓰오 후치다는 하나님을 전혀 모르는 사람이었지요. 미군의 함정이 침몰하는 것을 보면서도, 그때 내 마음이 기쁨으로 불타고 있었다고 고백했던 사람이지요. 그런 그가 어떤 남자를 만나게 되면서 인생이 바뀝니다. 목사가 되었습니다.

그 어떤 남자는 일본의 반대편 미국의 군인이었던 제이콥 데스헤이저입니다. 이 미국 군인은 진주만의 충격적인 침공사실을 전해 듣고 즉시 미국의 보복비행대에 자원합니다. 그는 일본의 본토 공격에 성공하였지만, 그만 비행기의 연료부족으로 추락하면서 일본군에게 체포되어 전쟁포로가 되어 사형선고까지 받게 됩니다. 일본의 패망으로 살아 고향으로 돌아오게 되지요. 그 참담했던 포로시절에 하나님을 만나게 되고, 선교사가 됩니다. 다시 일본으로 들어갑니다.

시간은 흘렀고, 이제 군인이 아닌 미쓰오 후치다는 어느 날, 도쿄의 시부야역에 내려 걸어가고 있었습니다. 그때 한 미국인이 열차에서 내린 사람들에게 팸플릿을 주는 것을 보게 됩니다. 지나치려다 엉겁결에 받았는데, 그 제목이 미쓰오 후치다를 사로잡았습니다. 팸플릿의 제목은 '나는 일본의 죄수였습니다'였지요.

누가복음

(23:34) 예수께서 가라사대 아버지여 저희를 사하여 주옵소서 자기의 하는 것을 알지 못함이니이다

이 구절에 완전 몰입하게 됩니다. 읽고 또 읽었습니다. 자신이 지은 죄와 미움이 사라지고 결국 그는 목사가 되었습니다. 서로 적으로 갈라져 있던 두 사람이 만나고, 하나님의 사랑을 깨닫고

경험하고, 다시 주님을 전파하는 역사와 기적이 만들어졌습니다.

《진주만에서 갈보리까지》, 미쓰오 후치다 목사님이 쓴 책 제목입니다. 하나님은 살아계시고 역사는 그분의 것이라는 것을 다시 확인하는 하루입니다. 내 맘속이 따뜻한 하루, 오늘도 좋은 하루라 고맙습니다.

피카소의 그림이 들려준 말

언젠가 서울시립미술관에서 피카소 그림을 본 적 있었습니다. 그림들이 제게 말을 걸어오는 것 같아 한참을 서서 바라보고 있었습니다.

'손은 왜 항상 손 모양으로 손이 있는 자리에 있어야만 하는 거지? 발가락을 손가락이라고 하고, 손가락을 발가락이라고 하면 어떤가? 사람의 발이 언제부터 사람의 발이었나? 새의 발이 사람의 발이면 안 되는 것인가?'

이런 식이었습니다. 그림 속의 사람 발은 항상 그런 모양으로 있으리라는 우리의 예측을 깨면서 새의 발 모양을 하고 있었습니다. 인간의 발이 아닌 새의 발을 한 사람, 생활이 답답하거나 무료하거나 심심할 때, 시원하게 느끼도록 만들어주는 피카소만의 유쾌함, 그리고 재미있음이란 게 있긴 합니다.

바로 이 대목에서 저는 다윗이 생각납니다.

사무엘하

(11:2) 저녁 때에 다윗이 그의 침상에서 일어나 왕궁 옥상에서
거닐다가 그곳에서 보니 한 여인이 목욕을 하는데 심히 아름다
워 보이는지라

영화 속 장면처럼, 세상에서 성공을 거둔 다윗이 그 시점, 공
허함이 밀려오고, 무료함에 지치고, 심심한 듯한 표정이 보이시
나요. 바로 그때 세상의 유혹이 파고드는 장면까지 보입니다. 관
객인 우리는 정답을 알고 있습니다. 유혹에 넘어가면 안 되는데.
함정에 빠지면 안 되는데. 제발 다윗 정신 좀 차려. 하나님께 더
욱 가까이 가야지.
그리고 《성경》을 다시 펼칩니다.

로마서

(12:2) 너희는 이 세대를 본받지 말고 오직 마음을 새롭게 함으로
변화를 받아 하나님의 선하시고 기뻐하시고 온전하신 뜻이 무엇

인지 분별하도록 하라

우리에게 날마다 새롭게 하시는 하나님을 바라봅니다.

3부

최고의
취임 연설

남이나 북이나 모두 같은 《성경》을 읽고, 같은 하나님에게 기도했으며 상대측에 불리하도록 하나님의 도움을 구했습니다. 지금까지 어느 쪽의 기도도 충분한 응답을 받지 못했습니다. 전능하신 하나님은 나름의 목적을 갖고 계십니다.

우리는 모두 전쟁이라는 이 큰 벌이 빨리 지나가기를 간절히 기도하고 있습니다. 하지만 250년간 노예들의 보답 없는 노동으로 쌓아온 모든 부가 소멸될 때까지, 그리고 칼을 든 가해자가 채찍을 맞아 흘린 모든 핏방울을 보상할 때까지, 이 전쟁을 지속시키시는 것이 하나님의 뜻이라면, 하나님의 심판은 전적으로 진실하고 마땅하다고 여겨야 합니다.

누구에게도 원한을 품지 말고, 누구에게나 관용을 베풀며, 하나님께서 우리에게 보여주신 정의와 마찬가지로, 그 정의에 대한 확신을 가지고 우리에게 주어진 일을 완수하기 위해 노력합시다. 국가의 상처를 치유하기 위해 전투를 치러야 했던 이들과 남겨진 아내들과 고아들을 보살피고, 우리들 사이, 그리고 모든 국가들 사이에 정의롭고 영구적인 평화를 이루고 소중히 지켜나가기 위해 매진합시다.

'우연히'와 '마침'이라는 기적

참 좋은 하나님께 저를 이끌어주신 분은 엄마였습니다. 저의 아이들까지 키우시는 엄마, 엄마가 없었다면 지금의 저도 없었을 것입니다. 생모를 데려가시고 믿음의 엄마에게 날 맡긴 하나님의 뜻을 알기까지 참 많이 힘들었습니다. 하나님이 사랑이시라는 것을 삶을 통해서 제게 가르치신 분은 하나님 그리고 엄마였습니다. 엄마에게 저는 가슴으로 낳은 딸이었고, 하나님이 주신 딸이었습니다.

아버지는 죽음이 곁에 왔다고 느꼈을 때 이 땅에서 사랑했던 두 여자를 남기고 홀로 가는 것을 힘들어했습니다. 저에겐 엄마를 부탁한다며 "미경아, 너만 믿는다. 엄마는 천사다. 고생만 시키고… 내 대신 네가 끝까지 책임져야 한다."라고 말했습니다. 엄마에겐 "여보, 미경이랑 같이 살아. 그래서 미경이 아이들 좀 키워줘. 안 그러면 검사 안 한다고 할 거야."라고 부탁했습니다.

그렇게 해서 엄마는 지금까지 저와 함께 살고 계십니다. 아버지가 떠나고, 아빠를 그리워하면서 대화하고 있다가, 제가 엄마에게 물었습니다. 우리가 어릴 때 도망가고 싶지 않았느냐고. 어떻게 그 가난과 아버지를 견뎠느냐고…. "네 눈동자 때문이었지. 네가 유독 '엄마 엄마' 하면서 그 큰 눈을 반짝이며 따라다녔지." 아, 나 때문이었구나.

아빠는 저 때문에 죽지 못했고, 엄마는 저 때문에 도망가지 못했습니다. 제가 두 사람을 함께 살도록 만든 희망이었습니다. 엄마의 아빠, 즉 외할아버지는 충남 논산 성동에 작은 시골교회 장로님이었습니다. 현재 친인척으로 목사님 숫자를 세면 20분이 넘습니다. 장로님, 권사님, 집사님의 숫자는 셀 수 없을 정도로 많습니다. 하나님은 저를 하나님의 바닷속으로 던져놓으신 겁니다.

이 모든 것이 우연일까요? 당연히 우연이 아닙니다. 〈룻기〉 2장에 나와 있는 보아스와 룻이 만나는 장면을 머릿속에 그려봅니다. '우연히'라는 단어와 '마침'이라는 단어에 집중해보실까요?

룻기

(2:3) 룻이 가서 베는 자를 따라 밭에서 이삭을 줍는데 우연히 엘리멜렉의 친족 보아스에게 속한 밭에 이르렀더라

(2:4) 마침 보아스가 베들레헴에서부터 와서 베는 자들에게 이르되 여호와께서 너희와 함께 하시기를 원하노라 하니 그들이 대답하되 여호와께서 당신에게 복 주시기를 원하나이다 하니라

저는 '우연히, 마침'이라는 단어를 참 좋아합니다. 하나님이 기적을 행하실 때 나타나는 단어들이라서요. 오늘도 하나님을 만나면 기적이 일어난다고 큰 소리로 외치면서 하루를 시작해보심 어떨까요?

눈물겨운 아버지의 사랑

오래전 신문에 실린 기사입니다. '모성애만큼 값진 부성애'라는 제목의 기사였습니다. 미국 서부 오리건 주 조세핀 카운티의 시스키유 국립공원 내 로그 강가에서 한 구의 시신이 발견되었습니다. 구조를 요청하기 위해 가족과 헤어져 눈 덮인 산속으로 나섰던 한국계 제임스 김씨였습니다. 눈보라 속에 고립된 두 딸과 아내를 살리기 위해 목숨마저 버릴 각오로 구조요청을 위해 눈 덮인 산길로 뛰어들었던 35세의 젊은 아버지, 결국 산속에서 길을 잃고 같은 자리를 맴돌다 끝내 돌아오지 못하고 세상을 떠났습니다.

안타깝게 세상을 떠난 제임스 김에게는 훌륭한 아버지가 있었습니다. 젊은 아버지의 늙은 아버지는 아들이 살아 있을 거라는 굳은 신념으로 사재를 털어 헬기까지 마련해서 산 위를 헤매

아버지란 어떤 존재일까요?
한 가정을 천국으로 만들 수도 지옥으로 만들 수도 있는 사람,
가정을 천국으로 만드는 사람들, 바로 부모들입니다.
'좋은 엄마 좋은 아빠가 되는 것이
결국 하나님 말씀에 순종하는 것 아닐까요?

고 다녔습니다.

이 기사를 접하고 한동안 울었답니다. 어릴 때, 술 드시고 늦게
들어오셔서, 잠자고 있는 저를 깨워 공부 열심히 하라며 안아주
시던 아버지는 울었습니다. 아버지의 우는 모습은 처음에는 낯설
었지만 점차 익숙해졌습니다. 저도 아버지를 닮았나 봅니다. 저
는 울보입니다. 엄마 잃은 어린 딸을 두고 월남전에 참전하셨던
아버지, 고엽제로 고통받으셨던 아버지, 그런 아버지에게 술과 그
리고 눈물은 한 세트였습니다.

아버지란 어떤 존재일까요? 한 가정을 천국으로 만들 수도 지
옥으로 만들 수도 있는 사람, 딸은 자라서 어머니가 되고 아들은
자라서 아버지가 됩니다. 내 딸이, 내 아들이 훗날 가정을 천국으
로 만드는 좋은 어른이 될 수 있도록 지금 사랑한다고 말해줘야
합니다. 아픔을 겪는 아이가 있다면 절대로 혼자 두지 말라고 말
씀드립니다. 아이에게 필요한 건 사랑과 관심뿐입니다.

하나님은 한 남자와 한 여자가 혼인하여 가정을 이루는 것이
당연하다라고 말씀하십니다.
〈마태복음〉 19장 4절 5절입니다.

마태복음

(19:4) 예수께서 대답하여 이르시되 사람을 지으신 이가 본래 그

들을 남자와 여자로 지으시고

(19:5) 말씀하시기를 그러므로 사람이 그 부모를 떠나서 아내에

게 합하여 그 둘이 한 몸이 될지니라 하신 것을 읽지 못하였느냐

가정을 천국으로 만드는 사람들, 바로 부모들입니다. 좋은 엄마 좋은 아빠가 되는 것이 결국 하나님 말씀에 순종하는 것 아닐까요? 오늘은 아이들과 함께 저녁식사를 하시는 건 어떨까요? 아이들이 조금 더 크기 전에 조금 더 늙기 전에 더 많이 사랑한다고 말해주시면 어떠실까요?

아버지의 기도

　오늘은 유독 아버지가 많이 보고 싶습니다. 아버지는 월남참
전용사였습니다. 전쟁터에서 어느 날, 아버지와 함께 막사를 쓰
던 미군이 전사하였습니다. 아버지는 전사한 그의 빈 침대를 바
라보고 있다가 밖으로 나왔습니다. 하늘을 처다보며 기도했다
고 합니다.

　"나는 하나님도 부처님도 모릅니다. 나는 누구도 믿지 않습니
다. 나는 나만 믿습니다. 그런데 오늘은 두렵습니다. 여기서
죽게 될까 봐 두렵습니다. 만약 이곳(월남)에서 제가 죽는다면
조국에 두고 온 어린 딸은 어떡합니까? 하늘에 진정 하나님이
계시나요? 계신다면 제 기도를 들어주세요. 제 목숨을 가져가
신다면 대신 소원이 있습니다. 내 딸 미경이를 지켜주세요. 저

대신 우리 조국 대한민국이 우리 딸을 키워주세요."

아버지의 오래된 일기장에서 이 기도를 읽게 되었을 때 참으로 많이 울었습니다. 엄마 잃은 어린 딸을 조국에 두고 전쟁터로 나간 아버지. 그 아버지는 그 딸 걱정에 죽음에 대한 두려움이 커지자 결국 하나님을 찾게 되었습니다. 고아가 될지도 모르는 딸을 생각해서 하나님을 모르지만 하나님을 향해서 기도했던 아버지였습니다. 나의 간증은 결국 하늘의 아버지를 향한 혈육 아버지의 오래된 기도인지도 모릅니다.

제가 철없던 시절에, 세상이 싫어질 때도, 모든 것을 포기하고 싶어도, 아버지를 미워하고 싶어도, 다시 제자리로 돌아올 수 있었던 것은 바로 아버지의 기도 때문이었습니다.

제가 기억하는 한 가장 운이 없었던 사람, 아버지, 이 땅에서 되는 것 하나 없었던 아버지, 그 아버지에게 저라도 되는 것 하나 만들어드리고자 하기 싫은 고시공부를 했던 저였습니다. 아버지가 그토록 원했던 검사가 되어 아버지를 행복하게 만들어주고 싶었습니다.

고엽제로 고생하시던 아버지는 일찍 제 곁을 떠나셨지만, 아버지는 늘 제 곁에 살아계십니다. 제가 아버지를 늘 기억하고 있기 때문입니다. 아버지가 만드신 우리 집의 가훈은 나라에 충성하

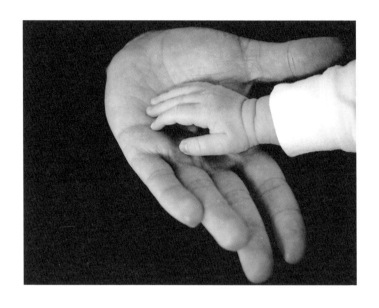

여러분, 오늘은 아버지께 전화 한 통 드리시는 것이 어떠실까요?
그리고 사랑한다고 고맙다고 고백해보시면 어떠실까요?
하나님도 기뻐하시겠지요.

고 부모님께 효도하라는 충효였습니다. 오늘은 아버지를 생각하
며 아버지가 좋아하실《성경》구절을 찾아 큰 소리로 읽어봅니다.

에베소서

(6:1) 자녀들아 주 안에서 너희 부모에게 순종하라 이것이 옳으
니라

(6:2) 네 아버지와 어머니를 공경하라 이것은 약속이 있는 첫 계
명이니

(6:3) 이로써 네가 잘되고 땅에서 장수하리라

여러분, 오늘은 아버지께 전화 한 통 드리시는 것이 어떠실까
요? 그리고 사랑한다고 고맙다고 고백해보시면 어떠실까요? 하
나님도 기뻐하시겠지요.

서울운동장 근처를 지날 때마다

지금은 없어졌지만 옛날 서울운동장 근처를 지날 때마다 돌아가신 아버지가 생각납니다. 어린 시절 아버지는 꼭 내 손을 잡고 야구경기를 보러 가셨습니다. 아이스크림 사준다는 그 약속을 믿고 늘 아버지와 동행했지요. 아이스박스를 어깨에 메고 팔았던 그 하드가 생각납니다.

아버지는 저에게 큰 소리치며 응원하라고 했습니다. 소리도 질러봐야 큰 소리 낼 수 있다고 그렇게 소리치는 법을 가르치셨습니다. 남자들이 하는 공부를 하라며 법대를 가야 한다고 했던 아버지였습니다. 사법시험 봐서 판검사가 되어야 한다고 강조했던 아버지였습니다. 정작 법대에 가서 사법시험에 자꾸 떨어지고 그만 포기하려고 할 때도, 그래도 판검사가 되어달라며 부탁하는 아버지를 보면서 포기할 수도 없었습니다. 그래서 기도했지요.

"하나님 하나님, 하나님이 보시기에도 우리 아빠 너무 불쌍하지 않으세요. 이 땅에 남자로 태어나서 되는 거 하나 없는 사람입니다. 그래서 매일 술만 마시고요. 그런데 그 남자가 제게 판검사 하라고 합니다. 그런데 시험에 붙을 자신이 없어요. 협력해서 선을 이룬다고 하셨잖아요. 그러니까요 우리 협력해서 저 시험에 합격시켜 주세요. 네?"

지금 생각하면 웃음이 나오는 기도였지만 그때는 울면서 한 기도였습니다. 그렇게 저는 사법시험에 합격하고 검사가 되었지요.

가을이 되면 유독 아버지가 더 생각나고 더 그립습니다. 지금도 내 걱정하실 분 우리 아버지 살아계셨다면 "미경아, 미경아!" 내 이름을 수없이 부르면서 "갈비 먹으러 가자." 그리고는 "맛있지, 맛있지?" 하셨을 텐데. 지금은 아버지가 좋아하시던 그 갈비를 원없이 사드릴 수 있는데, 아버지가 내 곁에 없습니다.

그래서 《성경》을 찾아봅니다.

출애굽기

(20:12) 네 부모를 공경하라 그리하면 너의 하나님 나 여호와가 네게 준 땅에서 네 생명이 길리라

신명기

(5:16) 너는 너의 하나님 여호와의 명한대로 네 부모를 공경하라 그리하면 너의 하나님 여호와가 네게 준 땅에서 네가 생명이 길고 복을 누리리라

에베소서

(6:1) 자녀들아 너희 부모를 주 안에서 순종하라 이것이 옳으니라

(6:2) 네 아버지와 어머니를 공경하라 이것이 약속 있는 첫 계명이니

(6:3) 이는 네가 잘 되고 땅에서 장수하리라

잠언

(23:25) 네 부모를 즐겁게 하며 너 낳은 어미를 기쁘게 하라

(23:26) 내 아들아 네 마음을 내게 주며 네 눈으로 내 길을 즐거워할지어다

골로새서

(3:20) 자녀들아 모든 일에 부모에게 순종하라 이는 주 안에서 기쁘게 하는 것이니라

중국의 공자도 이 비밀을 알았나봅니다.

"자기의 부모를 사랑할 줄 아는 자들은 그 마음을 확대시켜 타인을 미워할 수 없으며, 자기의 부모를 공경할 줄 아는 자들은 그 마음을 확대시켜 남에게 거만하게 대하지 아니한다."

오늘도 좋은 하루, 사랑이 넘치는 하루라 고맙습니다.

나쁜 남자를 멀리 하라

오래전 일입니다. 이라크에 파병된 한 미군은 자신이 죽을 때를 대비해 가족에게 유서형식의 편지를 써두었습니다. 마치 죽을 것을 알았던 것처럼 말입니다. 얼마 후 그는 폭발물의 희생자로 세상을 떠나게 됩니다. 편지는 가족에게 전달됩니다.

이 가슴 아픈 기사에서 내 눈을 사로잡았던 것은 그가 사랑하는 딸에게 남긴 편지 속의 한 구절입니다.

"네가 나를 위해 해줄 일이 있다면 학교생활을 진지하고 충실
하게 하는 것이다. 좋은 교육을 받으면 원하는 사람이 될 수
있으니까. 그리고 인생을 망칠 약물을 멀리하고 나쁜 남자를
멀리해야 한다."

나쁜 남자를 멀리해야 한다. 그런데 딸은 어떻게 해야 나쁜 남자 좋은 남자를 구별해야 할지, 나쁜 남자를 피해야 하는 방법이 무엇인지 배울 수 있을까요? 누가 가르쳐준다 한들 현실에서 나쁜 남자를 피할 수 있을까요?

제 아버지도 그랬습니다. 월남전에서 살아서 돌아오시고, 하나밖에 없는 딸을 애지중지하셨습니다. 남자들이 하는 공부를 하라고 했고, 법대에 가라고 하고 판검사가 되라고 하신 분도 아버지였습니다. 그런데 좋은 남자 나쁜 남자를 구별하는 방법을 가르쳐주신 것은 아니었지요.

부모는 아이들에게 세상 함정을 피해갈 수 있는 방법을 다 가르칠 수 없습니다. 아이들이 다 배울 수도 없습니다. 그렇기에 세상사람들은 그것을 팔자라고 말하면서 받아들이지요. 그러나 하나님의 사람들은 알고 있습니다. 세상의 함정을 피해갈 수 있는 방법은 하나님으로부터 나온다는 것을요.

죽기 전 아들이 걱정된 아버지 다윗은 그 비밀을 말해줍니다. 오늘 이 비밀을 아이들에게 말해주시면 어떠실까요?

(2:3) 네 하나님 여호와의 명령을 지켜 그 길로 행하여 그 법률과 계명과 율례와 증거를 모세의 율법에 기록된 대로 지키라 그리하면 네가 무엇을 하든지 어디로 가든지 형통할지라

세상의 함정을 피할 수 있게 알려주신 하나님이 계셔 오늘도 좋은 하루라 고맙습니다.

탕자의 아버지처럼

지금 생각해보니 이 땅에서 여자로 태어난 것을 행복하고 자랑스럽게 생각하게 된 것은 아버지 때문이었습니다. 초등학교 때 남자들과 함께 운동해야 한다고, 물주전자 심부름이나 하는 후보 선수일지라도 피구팀에 들어가라고 억지로 떠민 아버지. 남자들이 하는 공부를 해야 한다며 법대 가서 판검사 되라고 세뇌시킨 아버지. 한달에 한 번 정도 짜장면 사주시면서 "맛있지, 맛있지?"를 수십번 물으시던 아버지. 싫다는 딸에게 아이스크림 사준다고 달래서 야구 경기장에 데려가 큰 소리로 응원하는 법을 가르쳐준 분도 아버지. 대학 때 혼자 짝사랑하던 남학생에게 고백했다가 거절당하고 3일간 침대에서 꼼짝 않고 울고 지내자 아버지는 소주 한 박스를 내 방으로 들여놓으시며 "너랑 나랑 이거 다 마시고 같이 죽자." 하셨던 아버지셨습니다.

아버지는 누구도 관심을 갖지 않는 내 미래의 모습을 홀로 그리면서 즐거워하셨고 내게 그 그림의 부분을 하나씩 그릴 수 있도록 도와주셨습니다. 아버지가 딸에게 보여준 세상과 내가 자라면서 만난 세상은 판이하게 달랐지만 아버지의 미래에 대한 믿음이 이미 내 것으로 옮겨왔기에 별 문제가 되지 않았습니다. 아버지는 이 딸을 자기 자신보다 더 사랑하였습니다.

《성경》을 읽다가 제 아버지를 생각나게 하는 구절이 있어서 소개합니다.

누가복음

(15:20) 이에 일어나서 아버지께로 돌아가니라 아직도 거리가 먼데 아버지가 그를 보고 측은히 여겨 달려가 목을 안고 입을 맞추니

(15:21) 아들이 이르되 아버지 내가 하늘과 아버지께 죄를 지었사오니 지금부터는 아버지의 아들이라 일컬음을 감당하지 못하겠나이다 하나

(15:22) 아버지는 종들에게 이르되 제일 좋은 옷을 내어다가 입히고 손에 가락지를 끼우고 발에 신을 신기라

아버지는 누구도 관심을 갖지 않는
내 미래의 모습을 홀로 그리면서 즐거워하셨고
내게 그 그림의 부분을 하나씩 그릴 수 있도록 도와주셨습니다.
아버지가 딸에게 보여준 세상과
내가 자라면서 만난 세상은 판이하게 달랐지만
아버지의 미래에 대한 믿음이 이미 내 것으로 옮겨왔기에
별 문제가 되지 않았습니다.
아버지는 이 딸을 자기 자신보다 더 사랑하였습니다.

(15:23) 그리고 살진 송아지를 끌어다가 잡으라 우리가 먹고 즐
기자

이 구절을 읽을 때마다 아버지가 떠오르고 또 아버지가 그립습
니다. 탕자의 아버지처럼 제 아버지도 그리하셨을 테니까요. 오늘
은 아버지를 생각하며 감사하다고 사랑한다고 고백해보려고 합
니다. 제 곁에 계시지 않지만 그냥 마음속으로 소리쳐보려고요.

전쟁은 하나님께 속한 것이니

나폴레옹 대관식, 황제의 대관식이지요. 나폴레옹이 왕관을 쓰는 날입니다. 그런데 이상한 일이 벌어집니다. 교황이 나폴레옹의 머리에 왕관을 얹으려고 할 때 나폴레옹이 벌떡 일어나 왕관을 빼앗아 자신이 직접 썼다고 합니다. 그 자리에 있었던 사람들이 얼마나 황당했을까요? 퍼뜩 사울 왕이 떠오릅니다. 사무엘을 끝까지 기다리지 못하고, 제사장만이 드릴 수 있는 제사를 자신이 직접 드린 사울 왕 말입니다.

또 있습니다. 승승장구하던 나폴레옹은 어떡하든지 영국과의 한판 승부를 벌어야 했고, 이겨야 했습니다. 어느날 부하로부터 목사님을 모셔다가 기도하고, 전장터에 가는 것이 좋지 않겠는가 권유받았지만, 단박에 거절합니다.

'그런 건 필요 없어. 전쟁은 내가 하는 것이지 하나님이 하는 게 아니야. 전쟁과 하나님은 아무 상관이 없어.'

결과는 어땠을까요. 당연히 패했겠지요.

또 있습니다. 나폴레옹이 러시아를 침공하려고 할 때, 가까운 측근이 말렸습니다. 물론 나폴레옹이 듣지 않았지요. 참다못한 그 측근은 "계획은 인간이 하지만, 그 일을 성취시키시는 분은 하나님이십니다."라고 말해버렸지요. 그러자 나폴레옹은 나는 계획도 하고 성취도 한다며 큰소리치고 무시해버렸습니다. 결과는 볼 필요도 없이 패배였습니다. 나폴레옹은 그렇게 몰락했습니다.

또 이런 일도 있었습니다. 나폴레옹은 전쟁하느라 돈이 없어서 결국 루이지애나를 헐값에 미국에 팔아넘깁니다. 미국으로선 완전 횡재였지요. 지금 미국 영토의 3분의 1을 완전 거저 얻게 된 것이니까요. 나폴레옹은 자기가 무슨 미친 짓을 했는지 전혀 몰랐을 겁니다. 톨스토이는 이런 나폴레옹을 제대로 꿰뚫고 있었는지 이렇게 지적합니다.

"하나님은 파멸시키려는 사람에게서 먼저 이성을 빼앗는다."

참으로 무서운 말입니다. 나폴레옹의 마지막은 비참했습니다.

"내 생애 행복한 날은 하루도 없었다."

죽기 전 그의 고백입니다. 《성경》에 답이 있습니다.

잠언

(16:9) 사람이 마음으로 자기의 길을 계획할지라도 그의 걸음을
인도하시는 분은 여호와시니라

시편

(127:1) 여호와께서 집을 세우지 아니하시면 세우는 자의 수고
가 헛되며 여호와께서 성을 지키지 아니하시면 파수꾼의 깨어
있음이 헛되도다

전쟁의 기본인데, 하나님이 가르쳐주신 승리의 비결을 가슴
속에 품고 오늘도 달려가는 하루, 오늘도 좋은 하루 고맙습니다.

내가 맡은 것만 잘하는
것으로는 부족하다

아이들을 만날 때면, 축구나 농구 같은 팀으로 하는 운동을 꼭 해야 한다고 강권합니다. 시간이 흘러 어른이 되어 사회로 나가 공동체 구성원이 되어 깨닫는 여러 가지 중 하나가 바로 팀플레이를 잘하는 사람이 결국 행복한 사람임을 알았기 때문입니다.

어느 책에서 보았던 구절을 소개합니다. "미식 축구에서 상대편의 전진을 막아야 하는 수비수에게 나는 내가 맡은 거만 잘할 테니, 너는 네가 맡은 범위에서 벗어나지 말고 거기만 잘 지켜." 라고 말하지 않습니다. 팀 플레이는 그런 게 아닙니다. 팀 스포츠를 할 때 상대를 이기려면 그리고 성공하려면 팀플레이에 능해야 한다는 점을 배우게 됩니다.

농구를 할 때도 마찬가지입니다. 내가 맡은 역할만 잘하면 적어도 실수는 하지 않습니다. 그러나 팀이 이기기 위해서는 그것만으로는 부족합니다. 늘 승리는 한 끝 차이에서 결정 나기에 그렇습니다. 승리하기 위해서 내 맡은 역할도 잘해야 하지만, 내 몫 남의 몫을 가리지 않고 해낼 수 있는 자세와 평소의 연습이 필요합니다.

이것이야말로 결정적인 순간에 위험을 막아내고 승리할 수 있는 비책이기 때문입니다. 이런 성공이 팀 멤버에게 행복을 가져다줍니다. 이기려고 하는 이유가 결국은 행복해지기 위한 것임을 다시 확인시켜주는 대목입니다. 가정에서도, 직장에서도 마찬가지로 적용됩니다.

《성경》을 찾아봅니다.

빌립보서

(2:4) 각각 자기 일을 돌볼뿐더러 또한 각각 다른 사람들의 일을 돌보아 나의 기쁨을 충만하게 하라

모두가 행복해지는 팀플레이 원칙입니다. 역시 《성경》입니다. 모든 비밀이 《성경》에 다 있음을 확인하고 행복한 순간입니다.

기뻐하라 기도하라 감사하라

　오래전 일입니다. 검사가 되어 늘 범죄자와 억울한 사람들과 함께 날밤을 새며 지내기를 5년쯤 했을 때 내 안의 기쁨이 사라지고 짜증이 늘기 시작했습니다. 내 안의 무엇인가가 고갈되어 가는 것을 느끼고, 텅 비어 가는 나를 바라보고 있는 그런 형국이었습니다. 성령충만 하고 싶었지만 그것이 무엇인지도 잘 모르겠고, 성경공부를 하고 싶었지만 시간이 허락되지 않았습니다.

　늦은 밤 퇴근하여, 자정 무렵에 아무도 없는 집 앞의 작은 공원을 혼자 걷기 시작했습니다. 그때는 혼자여서 무섭다는 생각조차 하지 않고 오로지 하나님께 집중하면서 제 특기인 질문하기를 시작했습니다. 하나님 어떻게 해야 하나요? 답을 가르쳐 주세요. 《성경》을 통해서 저에게 딱 한 말씀만 주세요.

그러기를 몇 달 하였는데 갑자기 깨달음이 확 오기 시작했습니다. '기뻐하라, 기도하라, 감사하라'였습니다. 얼른 집으로 들어가 《성경》을 뒤지기 시작했습니다.

데살로니가전서

(5:16) 항상 기뻐하라

(5:17) 쉬지 말고 기도하라

(5:18) 범사에 감사하라 이것이 그리스도 예수 안에서 너희를 향하신 하나님의 뜻이니라

'아, 이거였구나.' 뛸 뜻이 기뻤습니다. 비밀을 알아낸 자의 기쁨이 다시 제게 찾아왔습니다. 하나님이 성경 전체를 통해서 제게 주고 싶었던 말씀이 이거였구나. 어릴 때 소풍 가서 보물찾기 하다가 찾은 보물 같은 느낌이었습니다. '하나님 감사합니다'를 반복해서 되뇌이면서 기쁨이 넘치기 시작했습니다. '그동안 내게 기쁨이 사라진 지 오래였구나. 기도가 부족했구나. 감사하지 않았구나.' 마구마구 밀려왔습니다.

그 후로 지금까지 저 자신을 진단할 때 이 말씀을 꺼내 듭니

'기뻐하라, 기도하라, 감사하라'
지금까지 저 자신을 진단할 때 이 말씀을 꺼내 듭니다.
제가 길을 잃거나 헤매거나 행복하지 않을 때는
이 말씀대로 잘하지 못할 때이고,
제가 행복할 때는 이 말씀이 작동되고 있을 때입니다.

다. 제가 길을 잃거나 헤매거나 행복하지 않을 때는 이 말씀대로 잘하지 못할 때이고, 제가 행복할 때는 이 말씀이 작동되고 있을 때입니다.

그래서 오늘은 〈데살로니가전서〉 5장을 통으로 큰 소리로 한 번 읽어볼 예정입니다. 저와 함께 큰 소리로 읽어보심 어떠실까요? 5장의 마지막 부분은 이렇습니다.

데살로니가전서

(5:27) 내가 주를 힘입어 너희를 명하노니 모든 형제에게 이 편지를 읽어주라

(5:28) 우리 주 예수 그리스도의 은혜가 너희에게 있을지어다.

물론 아멘입니다.

오늘도 비밀을 알아낸 자의 기쁨을 느끼시는 날이 되시길 소망합니다.

나는 하나님 편에 서겠다

우리 집 막내가 초등학교 다닐 때였습니다. 어느 날 밤에 모처럼 일찍 들어온 엄마를 발견하고, 아들이 급하게 묻기 시작했습니다.

"엄마, 엄마, 오늘 방과 후 수업시간에 선생님이 이승만 대통령을 마구 욕하는 거예요. 그래서 한참 듣다가 화가 나서 제가 손을 들고 선생님께 질문했어요. 선생님 이승만 대통령이 잘한 거는 하나도 없나요?"

그래서 이번에는 제가 아이에게 급히 "그래, 선생님이 뭐라고 답하시던?" 그랬더니 "선생님이 당황한 듯이 음음 하면서 '토지개혁한 것 그거 하나 있나?' 그러셨어요. 근데 엄마, 아이들이 전부 이승만 대통령 욕하고 선생님도 그러고, 나만 이상한 사람 되는 거 같아서, 나도 이제 그만할까요?" 하네요.

아이가 이승만 대통령을 욕하는 친구들과 선생님에게 그게 아니라고 이승만 대통령이 훌륭한 분이었다고 엄마처럼 말하다가 왕따당하는 기분이 들었다고 합니다. "앞으로는 그냥 입다물고 가만히 있어도 되잖아요?"라는 아이의 질문이었습니다.

평소에 엄마로부터 이승만 대통령은 나라를 사랑한 분이셨고, 아펜젤러 선교사가 만드신 배재학당을 다니면서 하나님을 만나고, 하나님을 사랑하신 분이셨다는 이야기를 들었던 아이였습니다. 뭔가 제대로 알려주려다가 곤경에 빠진 아이로서는 충분히 고민되는 상황이었을 테고, 급기야는 엄마에게 물어보자 했을 겁니다.

저 또한 처음에 어떻게 답을 줘야 할지 당황했습니다. 우선 아이를 가슴에 안고 "참 잘했구나, 우리 동욱이. 너무 멋지다. 용기 있게 잘했네, 우리 아들." 그래놓고 이야기를 시작했습니다.

"동욱아, 우리가 살아가면서 나는 하나님 편에 있다는 것을 언제 주님께 보여드릴 수 있을까? 저는 하나님 편이에요, 하나님 걱정 마세요. 저는 다른 데 안 가요. 이걸 나타낼 수 있을 때, 기회가

올 때, 그걸 놓치지 않고 하면 하나님이 기뻐하시겠지. 용기 있게 질문한 거 하나님이 다 보셨을 거야. 하나님이 기뻐하셨을 거야."

아이가 알아들었다는 듯 금세 얼굴이 밝아지면서 "알았어요, 엄마. 무슨 뜻인지 알았어요." 합니다.

"이승만 대통령이 하나님을 사랑하고 대한민국을 세우시고, 나라를 사랑한 분이라는 건 우리가 잊지 말아야 하는 거야, 친구들이랑 선생님이 아직 잘 몰라서 그런 거니까, 우리 아들이 친절하게 지혜롭게 잘 설명하고 전달해주면 되겠지."

살면서 이런 일들이 종종 벌어집니다. 하나님 편에 서야 할지 세상 편에 서야 할지, 아니면 방관하면서 가만히 있을지.

내가 이 땅에 살아있는 한 나는 하나님 편에 있다는 것을 나타내고 살고 싶습니다. 생명의 편에, 사랑의 편에, 정의의 편에 용기 내서 서 있고 싶습니다. 그래야 하나님도 제 편이 되어주시지 않을까요?

다윗이 보인 멋진 모습과 반전

《성경》에는 많은 매력적인 인물들이 나옵니다. 저는 특히 다윗왕을 좋아합니다. 그래서 다윗왕이 나오는 부분만 따로 발췌하여 읽어보기도 합니다. 오늘은 그중에서 다윗왕과 시므이 부분을 소개하고자 합니다. 살다 보면, 배신을 당하는 경우가 종종 있는데, 그럴 때마다 시므이가 떠오릅니다. 다윗왕이 아들 압살롬으로부터 쫓겨 도망을 갈 때 시므이가 나타나 갖은 저주의 말을 퍼붓습니다.

사무엘하

(16:7) 사악한 자여 가거라 가거라

(16:8) 네가 화를 자초하였느니라

너무 화가 난 아비새가 시므이를 죽이겠다고 하자, 다윗왕이
이를 못하게 합니다.

(16:10) 그가 저주하는 것은 여호와께서 그에게 다윗을 저주하
라 하심이니 네가 어찌 그리하였느냐 할 자가 누구겠느냐 하고
(16:11) 여호와께서 명령하신 것이니 그가 저주하게 내버려두라
(16:12) 혹시 여호와께서 나의 원통함을 감찰하시리니 오늘 그
　저주 때문에 여호와께서 선으로 내게 갚아주시리라 하고
(16:13) 시므이는 산비탈로 따라가면서 저주하고 그를 향하여 돌
　을 던지며 먼지를 날리더라

　사랑할 수밖에 없는 사람, 다윗입니다. 하나님께서도 그러실
겁니다. 오늘 시므이의 그 저주를 보시고 하나님께서 혹시 나를
용서하시고 내 편이 되어주시지 않을까? 기가 막힌 믿음의 고백
입니다. 진짜 사랑하면 이렇게 믿을 수가 있다는 것을 보여줍니
다. 이 대목에서 가슴이 뭉클뭉클해집니다.
　세상에서 배신을 당하거나 배신보다 더한 것을 당할 때에는 이
장면을 꺼내봅니다. 하나님이 보고 계시고 내게 선으로 갚아주실

것이라고 생각하면 마음이 평안해집니다.

그런데, 다윗왕이 하나님의 도움으로 다시 궁으로 돌아올 때, 시므이가 다윗왕을 맞으러 나옵니다. 그리고는 〈사무엘하〉 19장 19절에서 "왕께 아뢰되 내 주여 원하건대 내게 죄를 돌리지 마옵소서 내 주 왕께서 예루살렘에서 나오시던 날에 종의 패역한 일을 기억하지 마시오며 왕의 마음에 두지 마옵소서"라고 합니다. 자기가 범죄한 줄 알기에 먼저 내려와서 왕을 영접하노라고 뻔뻔스럽게 말하고 있습니다.

그래도 다윗은 시므이를 죽이지 않겠다고 맹세까지 해줍니다. 정말 이렇게 대단한 사람이 있을까? 너무 멋져서 반하지 않을 수가 없겠지요

그러나 반전이 기다립니다. 다윗은 죽기 전에 아들인 솔로몬에게 유언을 합니다. 그 유언 중에 시므이에 대하여 그를 죽이라고 합니다.

열왕기상

(2:9) 그러나 그를 무죄한 자로 여기지 말지어다 너는 지혜 있는 사람이므로 그에게 행할 일을 알지니 그의 백발이 피 가운데 스올에 내려가게 하라.

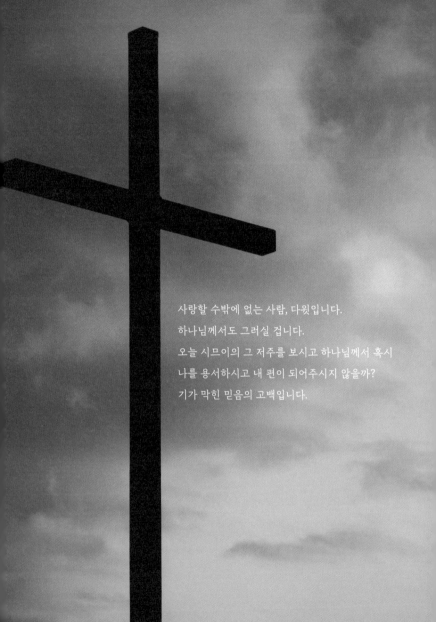

사랑할 수밖에 없는 사람, 다윗입니다.
하나님께서도 그러실 겁니다.
오늘 시므이의 그 저주를 보시고 하나님께서 혹시
나를 용서하시고 내 편이 되어주시지 않을까?
기가 막힌 믿음의 고백입니다.

이에 솔로몬은 시므이에게 이렇게 말합니다.

열왕기하

(2:36) 너는 예루살렘에서 너를 위하여 집을 짓고 거기서 살고 어디든지 나가지 말라

(2:37) 너는 분명히 알라 네가 나가서 기드론 시내를 건너는 날에는 반드시 죽임을 당하리니 네 피가 네 머리로 돌아가리라

그러나 삼 년 후 시므이는 이 약속을 지키지 아니합니다.

열왕기하

(2:42) 왕이 사람을 보내어 시므이를 불러서 이르되 내가 너에게 여호와를 두고 맹세하게 하고 경고하여 이르기를 너는 분명히 알라 네가 밖으로 나가서 어디든지 가는 날에는 죽임을 당하리라 하지 아니하였느냐 너도 내게 말하기를 내가 들은 말씀이 좋으니이다 하였거늘

(2:44) 왕이 또 시므이에게 이르되 네가 네 마음으로 아는 모든 악 곧 내 아버지에게 행한 바를 네가 스스로 아나니 여호와께서

네 악을 네 머리로 돌려보내시리라

결국 시므이는 죽게 됩니다. 생각해보면 세상말로 다윗왕의 뒤끝 작렬입니다. 웃음도 나옵니다. 자기는 죽이지 못했지만, 아들에게 부탁하는 다윗. 오늘은 다윗왕이 나오는 부분만 발췌하여 읽어보심 어떠실까요? 더워도 기쁜 하루의 시작인 오늘도 고맙습니다.

비록 나를 저주할지라도

지난번에 이어 오늘도 다윗왕과 시므이 두 번째 이야기입니다. 도망가는 다윗왕에게 저주의 말을 퍼붓던 그 시므이가 다시 등장하는 장면, 흥미진진합니다. 악한 자들의 뻔뻔함은 그때나 지금이나 변하지 않습니다. 《성경》에는 시간을 초월해버리듯, 과거의 이야기라고 할 수 없습니다. 현재 제 주변에서 벌어지고 있는 이야기들이 《성경》 속에 다 있기 때문입니다.

산비탈로 따라가면서까지 다윗에게 저주를 퍼붓던 시므이, 누군지 떠오르시나요? 그 시므이가 다윗왕이 하나님의 도움으로 다시 궁으로 돌아올 때, 먼저 맞으러 나옵니다. 그리고는 〈사무엘하〉 19장 19절에서 "왕께 아뢰되 내 주여 원하건대 내게 죄를 돌리지 마옵소서 내 주 왕께서 예루살렘에서 나오시던 날에 종의 패역한 일을 기억하지 마시오며 왕의 마음에 두지 마옵소서"라고 합

니다. 자기가 범죄한 줄 알기에 먼저 내려와서 왕을 영접하노라
고 말하고 있습니다.

와! 뻔뻔함. 다윗이 그 자리에서 시므이를 죽인다고 해도 누구
도 다윗을 욕하지 않았을 겁니다. 그래도 다윗은 시므이를 죽이지
않겠다고 맹세까지 해줍니다. 이 장면에선 어쩜 이럴 수 있을까?
어쩜 이렇게 대단할까? 반하지 않을 수가 없습니다.

그렇다면 왜 죽이지 않았을까요? 다른 사람도 아닌 자식으로
부터 배신을 당하고 쫓겨나기까지 했던 다윗입니다. 한편으로는
부하들을 볼 면목도 백성들을 볼 면목도 그에게는 없었을 겁니
다. 죽이고 싶은 마음도 있지만 대신 하나님께 토로하면서 해결
해버립니다. 그 증거를 하나님께 간구하는 다윗의 기도에서 찾았
습니다. 〈시편〉으로 가보시지요.

시편

(55:12) 나를 책망하는 자는 원수가 아니라 원수일진대 내가 참
았으리라 나를 대하여 자기를 높이는 자는 나를 미워하는 자가
아니라 미워하는 자일진대 내가 그를 피하여 숨었으리라

제 마음이 도리어 평안해집니다.

시편

(3:1) 여호와여 나의 대적이 어찌 그리 많은지요 일어나 나를 치는 자가 많으니이다

(3:2) 많은 사람이 나를 대적하여 말하기를 그는 하나님께 구원을 받지 못한다 하나이다 (셀라)

(3:3) 여호와여 주는 나의 방패시요 나의 영광이시요 나의 머리를 드시는 자이시니이다

(3:4) 내가 나의 목소리로 여호와께 부르짖으니 그의 성산에서 응답하시는도다 (셀라)

(3:5) 내가 누워 자고 깨었으니 여호와께서 나를 붙드심이로다

(3:6) 천만인이 나를 에워싸 진 친다 하여도 나는 두려워하지 아니하리이다

(3:7) 여호와여 일어나소서 나의 하나님이여 나를 구원하소서 주께서 나의 모든 원수의 뺨을 치시며 악인의 이를 꺾으셨나이다

(3:8) 구원은 여호와께 있사오니 주의 복을 주의 백성에게 내리소서 (셀라)

나를 지켜주는 하나님, 오늘도 고맙습니다.

욕하는 사람을 불쌍히 여겨주세요

꽤 오래된 일입니다. 사무실에서 민원인으로부터 전화를 받던 여직원이 목소리를 높이더니 금방이라도 쏟아질 듯 눈에 눈물이 고였습니다. 욕설 섞인 모욕적인 말들을 듣고 있는 것이 뻔했습니다. 억울해서 눈물이 쏟아지고 있었습니다.

순간 그녀의 감정이 내게 그대로 옮겨와 내가 나서야 했습니다. 이제부터 제 차례입니다. 전화내용도 묻고, 그 막무가내인 민원인을 직접 만났습니다. 결론적으로 그 민원인은 우리 여직원에게 사과했습니다. 물론 다시는 여직원을 괴롭히지도 않았고요.

그 민원인을 만나기 전에 제가 얼마나 기도했는지 모릅니다. 억울할 때 기도해야지요. 사람의 마음과 상황을 만지시고 움직이시는 하나님을 믿고 경험했기에 가능했습니다.

"하나님, 욕하는 사람 저 사람을 불쌍히 여겨주세요. 제가 미워하지 않게 해주세요. 그 민원인이 우리 여직원에게 사과할 수 있도록 해주세요. 제게 지혜를 주세요."

《성경》은 참으로 신기한 책입니다. 세상을 살면서 해결이 되지 않을 때 그 정답을 찾아가는 방법들이 다 나와 있습니다. 물론 스스로 그 방법이 해결 방법이라는 확신을 갖고, 깨닫는 것은 별개이지만, 그래서 기도를 하는 것이 아닐까요? 주님은 선물처럼 그 방법을 생각해내게 하시니까요.

위대한 왕 다윗을 떠올립니다. 〈사무엘하〉16장을 꺼내봅니다. 권력자와 그 주변의 일들은 과거나 지금이나 변하지가 않나봅니다. 권력이 떠날 때 나타나는 현상 중 하나입니다. 다윗 왕이 아들에게 쫓기는 상황 속에서 그 틈에 조롱하는 자가 나타납니다. 바로 사울의 친족 시므이지요.

사무엘하

(16:7) 피를 흘린 자여 가거라 가거라

(16:8) 사울의 족속의 모든 피를 여호와께서 네게로 돌리셨도다 그를 이어 네가 왕이 되었으니 여호와께서 나라를 네 아들 압살

롬에게 넘기셨도다

이 저주와 조롱, 모욕을 그대로 참으면서 듣고 있었을 다윗, 저는 이 다윗을 틈마다 생각합니다. 아니 하나님께서 생각나게 하시는 것일까요? 다윗을 생각하며 참으라는 주님의 뜻이겠지요. 다윗은 이렇게 말합니다.

사무엘하

(16:10) 그가 저주하는 것은 여호와께서 그에게 다윗을 저주하라 하심이니

(16:12) 혹시 여호와께서 나의 원통함을 감찰하시고 오늘 그 저주 때문에 여호와께서 선으로 내게 갚아주시리라

제가 틈만 나면 읊조리는 구절입니다. 세상은 사람이 움직이는 것 같지만 보이지 않는 영적 세상의 전쟁임을 잊지 말아야겠지요. 나를 욕하고 조롱하는 사람을 미워하기보다는 불쌍히 여겨야겠지요. 우리의 억울함을 아시는 주님이 대신해서 다 해결해주실 테니까요. 그런 의미에서 오늘도 힘차게 자신 있게 세상으로 나갑니다.

오히려 필요한 파리 같은 존재

눈엣가시 같은 존재, 살다 보면 정말 이런 사람이 생깁니다. 이 사람을 어떻게 해결할지 여러 가지 방법을 생각해보지만 좋은 방책이 딱히 나오지도 않습니다. 링컨도 그랬습니다.

젊은 시절 링컨이 대통령이 되기 전 어느 날 일입니다. 시골 길을 걷다가 쟁기질을 하는 농부와 쟁기를 끌고 있는 말을 보게 됩니다. 그런데 그 말이 쉴 새 없이 꼬리를 흔들고 있는 겁니다.

자세히 보니 파리 한 마리가 그 말에 붙어서 말을 괴롭히고 있는 겁니다. 보다 못한 링컨이 파리를 잡아주려고 하자, 농부가 말렸습니다. 그냥 내버려두라고. 그 파리 때문에 늙은 말이 그나마 움직이고 있으니까 다행이라고 하면서 말입니다. 링컨은 이 농부의 말을 잊지 않았습니다.

세월이 흘러 링컨이 대통령이 되었습니다. 의원 중 한 사람이 링컨의 의견에 대해 사사건건 딴지를 걸며 얄미울 정도로 링컨을 괴롭혔습니다. 눈엣가시 같은 사람이었지요. 얼마나 얄미웠는지, 주변의 친구들이 더 화가 나고 참을 수가 없었습니다. 링컨 대통령에게 그 사람을 혼내라고 잘라버리라고 난리였으니까요.

그러나 링컨은 오히려 친구들에게 이렇게 말해줍니다. 자신이 예전에 보았던 농부와 말의 이야기를 해주며 파리 때문에 그 늙은 말이 힘을 내서 움직인 것처럼, 그 얄미운 의원이 내게 그런 파리 같은 존재일 수 있다며 오히려 감사하다고 했습니다.

참으로 위대한 대통령입니다. 그 얄미운 사람에 주목하지 않고, 더 크고 위대하신 하나님을 바라보고 있는 링컨.《성경》을 찾아봅니다. 〈사무엘하〉16장에서 쫓겨가는 다윗왕을 저주하는 시므이, 그 시므이를 죽이려고 하는 충성스러운 아비새, 이를 말리는 다윗.

사무엘하

(16:11) 또 다윗이 아비새와 모든 신하들에게 이르되 내 몸에서 난 아들도 내 생명을 해하려하거든 하물며 이 베냐민 사람이랴 여호와께서 그에게 명령한 것이니 그가 저주하게 버려두라

(16:12) 혹시 여호와께서 나의 원통함을 감찰하시리니 오늘 그

저주 때문에 여호와께서 선으로 내게 갚아주시리라 하고

(16:13) 다윗과 그의 추종자들이 길을 갈 때에 시므이는 산비탈로 따라가면서 저주하고 그를 향하여 돌을 던지며 먼지를 날리더라

제가 좋아하는 《성경》 구절입니다. 잠깐, 여기서도 보입니다. 시므이라는 사람의 인생이 어찌 될지 느껴집니다. 링컨도 이 《성경》 구절을 읽었겠지요. 순간 깨닫습니다. 다윗과 링컨이 이렇게 연결되어 있음을, 감사의 힘이 무엇인지 그 비밀을 안 사람들입니다.

오늘도 하나님을 바라보며, 조급해하지 않는 하루가 되길 기도드립니다.

링컨 대통령이 한 최고의 취임연설

미국 대통령 링컨이 재선에 성공하고, 취임식에서 역사상 최고의 연설을 하게 됩니다.

"남이나 북이나 모두 같은《성경》을 읽고, 같은 하나님에게 기도했으며 상대측에 불리하도록 하나님의 도움을 구했습니다. 지금까지 어느 쪽의 기도도 충분한 응답을 받지 못했습니다. 전능하신 하나님은 나름의 목적을 갖고 계십니다.

우리는 모두 전쟁이라는 이 큰 벌이 빨리 지나가기를 간절히 기도하고 있습니다. 하지만 250년간 노예들의 보답 없는 노동으로 쌓아온 모든 부가 소멸될 때까지, 그리고 칼을 든 가해자가 채찍을 맞아 흘린 모든 핏방울을 보상할 때까지, 이 전쟁을 지속시키시는 것이 하나님의 뜻이라면, 하나님의 심판은 전적으로 진실하고 마땅하다고 여겨야 합니다.

누구에게도 원한을 품지 말고, 누구에게나 관용을 베풀며, 하나님께서 우리에게 보여주신 정의와 마찬가지로, 그 정의에 대한 확신을 가지고 우리에게 주어진 일을 완수하기 위해 노력합시다. 국가의 상처를 치유하기 위해 전투를 치러야 했던 이들과 남겨진 아내들과 고아들을 보살피고, 우리들 사이, 그리고 모든 국가들 사이에 정의롭고 영구적인 평화를 이루고 소중히 지켜나가기 위해 매진합시다."

연설을 마치자, 정치를 종교로 대신했다는 비판도 받았지만, 지금 들어도 잠시 멍해질 정도로 감동적입니다. 반대편에 섰던 소외된 남부 국민들을 끌어안으면서 그 고통에 공감하고, 이해하자고 하면서, 국민들을 설득하고 있습니다. 승자에게 패배한 적을 용서해달라고 요청한 것입니다. 국가의 미래를 위해 역사적 탄원을 하고 있는 것입니다.

링컨 대통령이 이렇게 할 수 있었던 건, 전쟁은 전적으로 하나님께 속한 것임을 믿었기 때문입니다. 하나님께 우리 편 돼달라고 기도하지 않고, 스스로가 하나님 편에 서 있는지 고민했던 사람이었습니다. 그렇기에 연설을 통해서 우리가 하나님 편이라는 것을 먼저 하나님께 보여드리자고 국민들을 설득하고 있는 것입니다.

링컨 대통령이 이렇게 할 수 있었던 건,
전쟁은 전적으로 하나님께 속한 것임을 믿었기 때문입니다.
하나님께 우리 편 되달라고 기도하지 않고,
스스로가 하나님 편에 서 있는지 고민했던 사람이었습니다.
그렇기에 연설을 통해서 우리가 하나님 편이라는 것을
먼저 하나님께 보여드리자고 국민들을 설득하고 있는 것입니다.

저 또한 살면서 하나님 편에 있기를 원합니다. 그리고 하나님 편이라는 것을 세상에 나타내면서 살고 싶습니다. 생명의 편에, 사랑의 편에, 정의의 편에 용기 내서 서 있고 싶습니다. 그래야 하나님도 제 편이 되어주시지 않을까요? 그래야 하나님이 기뻐하시지 않을까요. 오늘은 〈시편〉 19편 '하나님의 법은 진실하고 다 의롭다'를 외치면서 하루를 시작해보심 어떠실까요?

영화를 찍다가 죽을지라도

〈패션 오브 크라이스트〉, 이 영화 한 번쯤은 보셨을 거예요. 예수님의 마지막 12시간을 영화로 만들어서, 눈물 철철 흘리면서 본 기억이 새롭습니다.

예수 그리스도를 연기한 주인공 짐 카비젤, 이 사람에겐 무슨 일이 일어났을까요? 궁금하지 않으세요? 그가 전해주는 간증영상이 있습니다.

멜 깁슨 감독의 주인공 섭외전화를 받고, 이런저런 이야기 하다가 깨달았다고 합니다. 자기 이름의 앞자가 'J, C'이고, 그때 나이 33살이었다고요. 감독은 겁주지 말라며 전화를 확 끊어버렸다고 합니다.

그렇게 시작한 영화였는데, 어깨 탈골되고, 폐에 물이 차고, 가시면류관 쓰고 있느라 편두통에 시달리고, 촬영이 끝나고는 심장

수술을 받고. 마지막 장면 찍을 때는 번개 맞고, 결국 목숨 걸고 영화를 찍었다고 고백하고 있습니다. 너무 고통스러워서 이렇게 외쳤다고 해요.

"하나님 저는 연기자라고요, 지금 연기하고 있는 거예요. 제가 주님 영화를 만들고 있는데, 마귀의 공격을 막아주셔야죠. 내버려두시면 안 되죠."

후반부로 들어가면서 감독이 의사의 말을 듣고 지금 멈추지 않으면 죽을 수도 있다는 말을 듣게 됩니다. 그러나 멈추지 않습니다. '내가 만약 이 영화를 찍다가 죽으면 많은 사람들이 하나님께로 돌아오지 않겠는가?'

그리스도인이 되려면 이 정도는 감당해야죠. 영화보다 더 많은 생각을 하게 하는 간증입니다. 만약 우리가 예수님의 역할을 하는 배우라면 어떤 마음일까요? 실제로 예수님과 같이 해보려고 노력하겠지요. 기도하고 금식하고요.

먹먹한 마음으로 《성경》을 펼쳐봅니다. 그날의 있었던 사건들을 다시 되뇌이면서 말이죠.

(23:34) 이에 예수께서 이르시되 아버지 저들을 사하여 주옵소서 자기들이 하는 것을 알지 못함이니이다 하시더라

오늘은 두 손 높이 들고 하늘을 쳐다보는 날, 오늘도 감사한 하루가 고맙습니다.

부끄러움을 가르칩니다

　박완서 선생님의 〈부끄러움을 가르칩니다〉라는 단편소설이 있습니다. 요즘 자꾸 생각나는 소설의 제목입니다. 소설의 마지막을 소개해드립니다,

　　내 주위에는 많은 학생들이 출렁이고 그들은 학교에서 배운 것만으론 모자라 무슨 학원 무슨 학원 무슨 학원 등에서 별의별 지식을 다 배웠을 거다. 그러나 아무도 부끄러움은 안 가르쳤을 거다.
　　나는 각종 학원의 아크릴 간판의 밀림 사이에 '부끄러움을 가르칩니다 부끄러움을 가르칩니다'라는 깃발을 펄럭덩 펄럭덩 훨훨 휘날리고 싶다.
　　아니 굳이 깃발이 아니라도 좋다. 조그만 손수건이라도 팔랑

팔랑 날려야 할 것 같다. '부끄러움을 가르칩니다 부끄러움을 가르칩니다'라고. 아아 꼭 그래야 할 것 같다.

어떠신가요? 왜 이리 제 마음을 찌르는지 그래서 이번에는 《성경》을 찾아봅니다.

요한계시록

(3:1) 내가 네 행위를 아노니 네가 살았다 하는 이름은 가졌으나 죽은 자로다

살았으나 죽은 자인 것처럼, '부끄러움을 모르면 죽은 자'라고 하시는 건 아닌지 묵상해봅니다. 부끄러움조차 모를 정도로 양심이 마비가 된다면 정말 살아있어도 살아 있는 것이 아닐 테죠.

"부끄러움을 아는 건 부끄러운 것이 아니야. 부끄러움을 모르는 게 부끄러운 것이지."

어떤 영화 속 대사이지만 박완서 선생심의 부끄러움을 가르쳐야 되는 세상이 왔는가 봅니다. 부끄러움을 가르치는 가장 좋은

방법은《성경》읽기가 아닐까요?《성경》을 통해 우리를 가르치시는 좋으신 하나님, 오늘도 좋으신 하나님을 찬양하며 시작하는 하루, 신나는 하루 고맙습니다.

"부끄러움을 아는 건 부끄러운 것이 아니야.
부끄러움을 모르는 게 부끄러운 것이지."

내가 나를 위하여 남겨두었다

사업에 실패하거나, 선거에 떨어지거나, 시험에 낙방하거나, 뜻한 대로 되지 않았을 때 세상의 나쁜 목소리 중 하나는 대강 이렇습니다. 저 사람 끝났어 끝났다, 사람들의 이런 수군거림을 들어야 합니다.

저 또한 선거에 떨어질 때마다 들어야 했던 소리들이었습니다. 세상의 나쁜 말을 염두에 두지 않기로 했기 때문에 별로 걱정하지 않았지만, 그래도 사람인지라 걱정될 때도 있습니다. 물론 하나님이 기회를 주실 것이라고 믿고, 그때를 위해서 준비하자는 생각으로 가득 차 있지만 저도 세상 속에서 살아가는 사람이고 때로는 무너질 때도 있음을 고백합니다.

그럴 때마다 《성경》을 더욱 열심히 읽어봅니다. 그리고 깜짝 놀랄 때가 많았습니다. 특히, 기억나는 사건 하나는, 하나님께서 엘리야에게 나타나셔서 했던 말씀을 읽고 또 읽게 된 일입니다.

열왕기상

(19:18) 그러나 내가 이스라엘 가운데에 칠천 명을 남기리니 다 바알에게 무릎꿇지 아니하고 다 바알에게 입맞추지 아니한 자니라

킹제임스 번역본에는 이렇게 되어 있습니다. '나를 위하여'가 들어가 있음을 발견하게 됩니다.

"내(하나님)가 나(하나님)를 위하여 이스라엘 안에 칠천 명을 남 겨두었나니 모두 바알에게 무릎을 꿇지 아니하고 모두 바알 에게 입 맞추지 아니한 자들이니라."

큰 깨달음이 왔습니다. 역시 어려울 때만 알 수 있는 깨달음들이 있습니다. 하나님은 엘리야를 위하여 7,000명을 남겨둔 것이 아니고, 하나님을 위하여 7,000명을 남겨놓았던 것입니다. 마치 제게 하시는 말씀 같았습니다.

하나님은 하나님을 위하여 역사하신다.
하나님이 숨겨놓은 그 7,000명이 지금 우리 곁에 있습니다.
오늘도 저는 기도합니다. 하나님이 하나님을 위하여 역사하실 때
저를 주님의 영광의 도구로 써주시옵소서.

'하나님의 역사를 위하여 제가 있고 싶어요.'

이런 고백이 저절로 나왔습니다. 기분이 상쾌해졌습니다. 구절구절을 수백 번 곱씹으면서 마음이 더 잠잠해지고, 은혜로 가득 찼습니다.

하나님은 하나님을 위하여 역사하신다. 하나님이 숨겨놓은 그 7,000명이 지금 우리 곁에 있습니다. 오늘도 저는 기도합니다. 하나님이 하나님을 위하여 역사하실 때 저를 주님의 영광의 도구로 써주시옵소서, 아멘. 여러분 오늘은 엘리야를 만나보시는 것은 어떨까요?

교회 안의 분쟁은 교회 안에서 해결

오래전에 지방근무를 한 적이 있었습니다. 그 지역의 어느 교회에서 목사파와 장로파로 나뉘어 다투다가 급기야 상호 고소고발하는 사건이 발생했습니다. 관련 고소건이 많아지자 전체 검사들에게 한두 건씩 나누어 배당되었습니다.

경험상 교회뿐 아니라 다른 종교인들 사이의 분쟁이 수사단계에까지 올라올 정도면 상호 간의 화해란 이미 불가능하다고 보아야 합니다. 그렇기 때문에 검사나 판사에게는 더욱더 힘든 사건이 되는 것입니다. 각자 자신의 종교적 신념에 따라 싸움을 하는 터라 양보란 있을 수 없고, 양측 모두 상대방이 거짓말을 하고 있다고 확신에 차서 주장하기 때문에 그만큼 수사는 어려워집니다. 물론 증거조차 명백하지 않는 경우가 대부분이라 더욱 어려워지지요.

교회 안에서 일어난 분쟁사건은 제게는 수사상의 어려움보다도 더 어려움이 있었습니다. 하나님께서 과연 이 사건을 어떻게 처리하시기를 원하시는 걸까? 그래서 많은 기도가 필요했습니다. 뭔가 가르쳐주실 거라는 믿음 때문이었습니다.

'교회 안에서 일어나는 분쟁을 하나님은 싫어하신다. 그런즉 교회 안에서 일어나는 분쟁은 교회 안에서 해결해야 한다.' 제가 출발점으로 삼았던 깨달음이었습니다. 또《성경》에서 찾아봅니다.

로마서

(12:18) 할 수 있거든 너희로서는 모든 사람과 더불어 화목하라

마태복음

(5:23) 그러므로 예물을 제단에 드리려다가 거기서 네 형제에게 원망들을 만한 일이 있는 것이 생각나거든

(5:24) 예물을 제단 앞에 두고 먼저 가서 형제와 화목하고 그 후에 와서 예물을 드리라

화목하라고 하시는 주님을 향해서 늘 용서해달라고 기도할 수

밖에 없는 우리입니다. 그래도 하나님은 좋으신 분이니까 늘 우리를 용서해주시지요. 오늘은 가족의 화목, 교회의 화목, 하나님과의 화목을 생각하며 하루를 보내시면 어떠실까요? 가장 미운 그 사람을 위하여 기도해주시는 오늘도 좋은 하루라 고맙습니다.

아니라고 할 때는 아니라고 해야 한다

대기업 총수의 비서실장이 된 후배가 찾아와 점심을 한 적이 있었습니다. 그 또한 하나님의 사람으로 세상에서 어떻게 살아야 할지 늘 고민하는 친구였지요. 그가 물었습니다. 저는 어떤 비서실장이 되어야 할까요?

《성경》의 인물들 중에 요압 장군이 있습니다. 〈사무엘하〉11장을 보면 다윗은 밧세바로 인하여 하다하다 드디어 그 남편인 우리아를 요압에게 맡깁니다.

사무엘하

(11:14) 아침이 되매 다윗이 편지를 써서 우리아의 손에 들려 요압에게 보내니

(11:15) 그 편지에 써서 이르기를 너희가 우리아를 맹렬한 싸움

에 앞세워두고 너희는 뒤로 물러가서 그로 맞아 죽게 하라 하였
더라

결국은 우리아를 죽이라고 부하에게 말한 것이지요. 요압이 누
구입니까? 다윗 왕과 산전수전 겪으며 목숨 내놓고 싸워온 형제
같은 사람이 아니었을까요? 요압이야말로 다윗 왕에 대하여 모
르는 게 없었을 사람입니다. 물론 하나님에 대해서도 잘 아는 사
람이었겠지요.

그런 그가 다윗에게 왜 묻지 않았을까요? 왜 충성스러운 우리
아를 죽이라고 말도 안 되는 명령을 내렸는지 물어야 했을 사람입
니다. 그리고 절대로 우리아를 죽여서는 안 된다고 막아야 할 사
람입니다. 그런데 모르는 척하고 우리아를 죽게 만듭니다.

물론 겉으로는 요압이 잘못한 게 없어 보이지요. 왕의 명령을
따랐을 뿐이니까요. 그러나 하나님 보시기에도 잘한 일이라고 칭
찬받을 수 있을까요? 당연히 아니지요. 사람이 보기에도 요압은
교활하다고 느껴지는데, 하나님은 어떠셨을까요?

바로 이 요압 이야기를 해주었습니다. 요압을 반면교사로 삼
기만 하면, 걱정할 일이 없다고 해주었습니다. 모르는 척은 안 되
는 것입니다. 아니라고 할 때는 아니라고 해야 하고, 막아주어야

아니라고 할 때는 아니라고 해야 하고,
막아주어야 할 일 있을 때는
물러서지 말고 막아줘야 하는 것입니다.
설혹 그것이 상사로부터 미움받을 일이어서
그 자리에서 쫓겨난다 해도 말입니다.
이것이 주님 주시는 평안으로 세상에서 잘 사는 방법입니다.

할 일 있을 때는 물러서지 말고 막아줘야 하는 것입니다. 설혹 그것이 상사로부터 미움받을 일이어서 그 자리에서 쫓겨난다 해도 말입니다. 그래야 주님 주시는 평안으로 세상에서 잘 사는 방법이 아니겠느냐로 이야기를 마쳤습니다.

솔직히 고백하자면, 후배에게 해준 이야기였지만 실은 제가 저에게 하는 말이 되고 말았습니다. 그 뒤로 요압의 마지막은 어찌되었는지 궁금하시지 않나요? 오늘은 《성경》에서 요압이 나오는 부분만 사건 추적하듯이 읽어보심이 어떠실까요?

사람들은 쉽게 거짓말을 한다

　과거 수사를 할 때도, 지금 정치를 하면서도 공통적으로 느끼는 부분, 사람들이 쉽게 거짓말을 한다는 사실입니다. 자신에게 유리하게 말하고 싶은 것이 인간의 본능이어서일까요?

　수사할 때는 미리 조사하기 전 기록 검토과정에서 '누가 무슨 거짓말을 하겠구나.' 하고 미리 생각을 해두고 내 머릿속에서 그 조사과정을 그림으로 그려놓습니다. 첫 대면조사에서 먼저 그 사람이 하고 싶은 말을 다 할 수 있도록 충분한 시간을 줍니다. 나의 예측을 벗어나는 말들이 들려올 때는 기록이 잘못된 건 아닌지, 내가 그린 그림이 잘못되었는지 등 그 진술 번복의 이유를 찾아봅니다. 사실 추궁한다는 것은 이렇게 단순하게 이루어집니다.

　오래된 이야기지만 잊지 못하는 이야기 중에, 큰아이가 5살 무렵에, 유치원에서 아이들과 싸웠다며 선생님으로부터 주의를 주는 전화 한 통을 받은 적이 있었습니다. 퇴근하고 집에 와서 아들에게 무슨 일이 있었는지 물어보고, "왜 그런 거냐?"고 물으니까. 가만히 있다가 하는 말이 "엄마 기억나지 않아요." 하는 겁니다. 속으로 얼마나 웃음이 나왔는지 모릅니다. 평소 검사실에서 많이 듣던 이야기를 5살짜리가 해서였습니다.

단순히 기억나지 않는다고 말하는 것은 그나마 다행입니다. 더 나가면 사람들은 이렇게 거짓말합니다.

"지금껏 하늘을 우러러 한 점 부끄럼 없이 살았습니다. 제 말을 믿어주십시오. 하늘에 맹세코 거짓말을 한 적이 없습니다. 하나님은 알고 계십니다."

입만 열면 맹세한다고 말하는 사람, 하나님을 후렴구처럼 사용하는 사람을 보면 왠지 그 사람이 의심된다는 것을 본인들은 모르겠지요. 《성경》을 찾아봅니다.

창세기

(3:1) 그런데 뱀은 여호와 하나님이 지으신 들짐승 중에 가장 간교하니라 뱀이 여자에게 물어 이르되 하나님이 참으로 너희에게

동산 모든 나무의 열매를 먹지 말라 하시더냐

(3:2) 여자가 뱀에게 말하되 동산 나무의 열매를 우리가 먹을 수 있으나

(3:3) 동산 중앙에 있는 나무의 열매는 하나님의 말씀에 너희는 먹지도 말고 만지지도 말라 너희가 죽을까 하노라 하셨느니라

(3:4) 뱀이 여자에게 이르되 너희가 결코 죽지 아니하리라

(3:5) 너희가 그것을 먹는 날에는 너희 눈이 밝아져 하나님과 같이 되어 선악을 알 줄 하나님이 아심이니라

오늘도 거짓말에 속지 않는 하루가 되기를 기도합니다.

거짓증언을 하지 마라

    거짓증언, 보통은 법정에서 증인이 거짓말을 하는 경우에 위증했다라고 말을 합니다. 위증죄로 처벌받기도 하지요. 오래전 제가 주임검사로 했던 사건이었는데, 가장 기억에 남는 증인이 있습니다. 교통사고 사망사건이 발생했고, 담당경찰관은 가해자와 피해자를 뒤바꿉니다. 결국엔 조작사건으로 밝혀지고, 재판이 진행되는 중이었습니다.

    목격자들의 증언이 이어졌는데, 느닷없이 한 증인이 검사로부터 협박을 받고 검찰에서는 거짓말하였는데 지금은 제대로 말하겠다는 투였습니다. 판사가 어떤 협박을 받았는지 묻자, "검사님이 거짓말을 하면 죽은 애들 영혼이 둥둥 떠다니고 하늘로 올라가지 못한다고 해서."라고 대답했습니다.

    그 순간 저는 웃음을 참느라 천장을 바라보고, 재판장도 기가 막혔는지 더 이상 묻지 않고 넘어갔습니다. 이 증인은 경찰에서, 검찰에서, 법정에서 이렇게 말을 왔다 갔다 하는 사람이었지요. 알고 보면 불쌍한 사람이었습니다.

처음부터 목격자들이 거짓말을 하지 않도록 도와주어야 하겠다고 생각해서 이 사고로 죽은 아이들의 사진을 다 보여주면서 제발 본 그대로만 이야기해주면 된다고 설득했던 것입니다. 그 설득 과정에서 "거짓말로 진실이 가려질 때에는 죽은 사람들 영혼이 억울해서 어찌 하늘로 갈 수 있겠는가? 그러니 있는 그대로 말해달라."고 했던 것이었습니다.

결국, 이 증인은 경찰에서 거짓말, 검찰에서 진실, 다시 법정에서 거짓말을 반복하다 위증죄로 처벌받을 위험에 처하기까지 했습니다. 다른 목격자들의 진정 어린 증언이 있었기에 진실은 끝내 밝혀졌지요.

다시《성경》을 찾아봅니다.

신명기

(19:15) 사람의 모든 악에 관하여 또한 모든 죄에 관하여는 한 증인으로만 정할 것이 아니요 두 증인의 입으로나 또는 세 증인의 입으로 그 사건을 확정할 것이며

(19:16) 만일 위증하는 자가 있어 어떤 사람이 악을 행하였다
고 말하면

(19:17) 그 논쟁하는 쌍방이 같이 하나님 앞에 나아가 그 당시의
제사장과 재판장 앞에 설 것이요

《성경》에 이러한 증인과 증언에 관한 내용이 있다는 것이 놀
랍고도 신기합니다. '진정 하나님은 위대하시다.' 고백할 수밖에
없는 하루입니다.

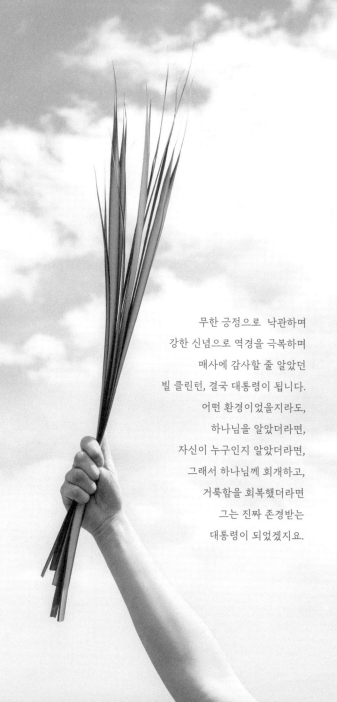

무한 긍정으로 낙관하며
강한 신념으로 역경을 극복하며
매사에 감사할 줄 알았던
빌 클린턴, 결국 대통령이 됩니다.
어떤 환경이었을지라도,
하나님을 알았더라면,
자신이 누구인지 알았더라면,
그래서 하나님께 회개하고,
거룩함을 회복했더라면
그는 진짜 존경받는
대통령이 되었겠지요.

하나님을 알았더라면

《뉴욕타임스》에 이런 기사가 실렸습니다. 영국의 재벌가 출신으로 옥스퍼드 대학을 수석으로 입학하고 미국으로 유학을 온 프랭크 알렌, 그는 빌 클린턴과 한 기숙사에서 지내게 됩니다. 늘 1등만 하고 집안도 좋았던 프랭크 알렌은 자살을 하게 되고, 공부도 집안도 별로였던, 아니 집안은 엉망이었던 빌 클린턴은 나중에 미국의 대통령이 되지요.

그 이유가 무엇이었을까요? 프랭크 알렌은 늘 부정적이고 비관적이고, 감정의 기복이 심했다고 합니다. 이에 반해 빌 클린턴은 매사 긍정적이고 낙관적이고, 잘 웃는 사람이었지요. 무한 긍정으로 미래를 낙관하며 강한 신념으로 역경을 극복하며 매사에 감사할 줄 알았던 빌 클린턴, 결국 대통령이 됩니다.

그런데 저는 더 분석해보고 싶습니다. 빌 클린턴의 사생활, 섹스 스캔들 그리고 거짓말, 사실 그는 사생활에선 실패한 사람이었습니다. 그 이유는 무엇이었을까요? 일찍 친아버지를 여의고, 술주정뱅이 계부와 자유분방한 어머니 밑에서, 안으로는 가정폭력, 밖으로는 눈뜨면 범죄와 환락의 도시에서 자랐습니다. 청소년 시기의 영적인 상태를 그려봅니다.

맹모삼천지교도 있지만, 어떤 환경이었을지라도, 그가 하나님을 알았더라면, 자신이 누구인지 알았더라면, 그래서 하나님께 회개하고, 거룩함을 회복했더라면 그는 진짜 존경받는 대통령이 되었겠지요.

《성경》을 찾아봅니다.

사무엘상

(2:22) 엘리가 매우 늙었더니 그의 아들들이 온 이스라엘에게 행한 모든 일과 회막 문에서 수종 드는 여인들과 동침하였음을 듣고

(2:23) 그들에게 이르되 너희가 어찌하여 이런 일을 하느냐 내가 너희의 악행을 이 모든 백성에게서 듣노라

(2:24) 내 아들들아 그리하지 말라 내게 들리는 소문이 좋지 아니하니라 너희가 여호와의 백성으로 범죄하게 하는도다

(2:25) 사람이 사람에게 범죄하면 하나님이 심판하시려니와 만일 사람이 여호와께 범죄하면 누가 그를 위하여 간구하겠느냐 하되 그들이 자기 아버지의 말을 듣지 아니하였으니 이는 여호와께서 그들을 죽이기로 뜻하셨음이더라

(2:34) 네 두 아들 홉니와 비느하스가 한 날에 죽으리니 그 둘이 당할 그 일이 네게 표징이 되리라

사랑하는 아들들을 생각하며, 하나님께 아이들 좀 만나달라고, 책임져달라고 매달리는 하루, 징징대지 말라 하셔도 무대뽀로 매달리는 하루라 고맙습니다.

혼자 힘으로 성공할 수 없다

제가 초임검사 시절에 있었던 일입니다. 책에 나와 있지 않은 궁금증을 풀기 위해 평소 노트에 적어놓았다가 실력이 뛰어나다고 소문난 선배 검사들을 찾아다니며 물어보곤 했습니다.

그중에 특수부 검사로 꽤 명성이 자자하고 기업관련 수사를 잘해 수사통으로 유명한 선배도 있었습니다. 그에게도 한두 번 찾아간 일이 있었는데 그에게서 이상한 느낌을 받았습니다. 열 가지 중에 다섯 가지 정도만 가르쳐주고 있다는 느낌 말입니다. '이 사람은 자기가 알고 있는 모든 것을 가르쳐주지 않는구나….' 사람 사이에는 말하지 않아도 본능적인 느낌이란 게 있으니까요.

나중에 보니까 후배들 중 아무도 그 선배에게는 묻지 않는다는 것을 알았습니다. 물론 저도 그 후로는 그를 찾지 않았습니다. 사람들은 이미 알고 있었던 거지요. 그가 전부를 가르쳐주지 않

혼자 힘으로 작은 성공은 이룰 수 있습니다.
그러나 큰 성공은 불가능하다는 것을 깨닫게 되었지요.
진정 성공하고 싶다면 다른 사람이 성공할 수 있도록
도와주고 가르쳐주어야 합니다.

는다는 것을. 그가 자신의 실적을 높이는 데만 관심이 있고 선후배를 모두 경쟁상대로 생각한다는 것을 말입니다.

결국 그는 목표로 했던 꿈꾸는 자리에는 오르지 못했고, 능력도 욕심만큼 인정받지 못했습니다. 큰 성공은 다른 사람들의 도움 없이는 불가능하다는 것을 그가 알았다면 달라졌겠지요.

혼자 힘으로 작은 성공은 이룰 수 있습니다. 그러나 큰 성공은 불가능하다는 것을 깨닫게 되었지요. 진정 성공하고 싶다면 다른 사람이 성공할 수 있도록 도와주고 가르쳐주어야 한다는 것을 다시 한번 확인시켜주었지요.

《성경》을 찾았습니다.

골로새서

(3:23) 무슨 일을 하든지 마음을 다하여 주께 하듯 하고 사람에게 하듯 하지 말라

성공의 비결입니다. 역시 우리 하나님은 정확하신 분, 그래서 오늘도 행복합니다.

4부

다윗의
유언

다윗이 죽을 날이 임박하매 그의 아들 솔로몬에게 명령하여 이르되 내가 이제 세상 모든 사람이 가는 길로 가게 되었노니 너는 힘써 대장부가 되고 네 하나님 여호와의 명령을 지켜 그 길로 행하여 그 법률과 계명과 율례와 증거를 모세의 율법에 기록된 대로 지키라 그리하면 네가 무엇을 하든지 어디로 가든지 형통할지라 여호와께서 내 일에 대하여 말씀하시기를 만일 네 자손들이 그들의 길을 삼가 마음을 다하고 성품을 다하여 진실히 내 앞에서 행하면 이스라엘 왕위에 오를 사람이 네게서 끊어지지 아니하리라 하신 말씀을 확실히 이루게 하시리라

다정한 말 한마디로

아이들이 어릴 때였습니다. 아침마다 전쟁입니다. 유치원 가야 하는데, 밥을 챙겨 먹여야지, 옷도 입혀야지, 전쟁 아닌 전쟁입니다. 특히, 일하는 엄마의 경우는 더더욱 그렇습니다. 어느 날이었습니다. 허겁지겁 출근 준비하면서, 한편으로는 "동규야, 동욱아!" 이름을 부르면서 큰 소리로 부르다가, 그래도 일어나지 않으니까, 방으로 들어가서 이불을 걷어내고, 일으키곤 했습니다. 엄마의 다정함이라고는 거의 찾아볼 수 없는 상황이지요.

저녁에 늦게 퇴근하여 소파에 멍하게 기대있는데, 남편이 옆에 앉아 머리를 기대도록 안아줍니다. 그리고는 "힘들지 고생했네. 근데 우리 애들도 힘들 거야. 아침에 엄마가 큰 소리로 깨우고 소리 지르고 하니까 얼마나 힘들겠어. 우리 애들은 다정한 거 좋아해, 엄마가 부드럽게 안아주면서 둥근 해가 떴다고 일어나라고, 뽀뽀도 해주고 그렇게 깨워주기를 원할 거야."라고 합니다.

갑자기 정신이 번쩍 났습니다. 늘 다정한 남편은 아이들에게도 다정합니다. 때로는 그것이 얄밉기도 했습니다. 자기만 아이들에게 점수 많이 따는 것 같아서 말입니다. 그런데 그 말을 듣는 순간 '이러면 안 되겠구나 고쳐야겠구나.' 하는 생각이 드는 겁니다.

'금쪽같은 아들들인데, 얼마나 사랑하는데, 내가 왜 그랬을까?' 후회가 밀려오면서 기도하기 시작했습니다. 그리고 다음 날부터 남편이 하는 대로 안아주면서 세상 가장 다정하게 아들들을 깨웠습니다.

그리고 하나님을 떠올립니다. 하나님은 내게 언제나 다정하신 분인데, 그걸 잊고 있었구나. 우리가 잘못해도 쉽게 화내시지 않으시고 참아주시는 분인 우리 하나님을 생각해서라도 더 다정한 사람이 되어야지 다짐합니다. 《성경》을 찾아봅니다.

잠언

(12:25) 마음에 걱정이 있으면 기를 펴지 못하나 다정한 말 한마디로 그를 기쁘게 할 수 있다

찬송가를 불러봅니다.

다정하신 목자 예수 어린 양을 돌보사
캄캄한 밤 지낼 동안 나를 품어주소서

오늘도 다정함이 넘치는 하루, 좋은 하루라 고맙습니다.

〈신약성경〉을 사랑하게 된 이유

〈구약성경〉과 〈신약성경〉 중 어디에 더 끌림이 있으신가요? 참으로 어려운 질문입니다. 대답하기도 어렵습니다. 무심코 《성경》을 펼치면 대부분은 〈구약성경〉이었습니다. 흥미진진한 사람들의 이야기에 빨려들어가듯 읽어나가게 됩니다. 마음속으로 걸렸습니다. 예수님 이야기에 더 집중해야 하는데 하면서 말입니다.

한때, 국회의원 현역이었음에도 공천을 받지 못한 적이 있었습니다. 어제까지만 해도 '의원님, 의원님' 했던 사람들이 돌아서기 시작하고, 없는 일까지 만들어가면서 욕을 하기 시작했습니다. '정치판이라는 게 원래 이런 거지. 세상이 원래 이런 거지.' 하면서 그러려니 했지만, 세상의 바닥을 보는 느낌이었습니다.

저절로 하나님께 집중하게 되었습니다. '저는 이 일을 잊어도 하나님은 잊지 않으실 거지요?' 그때 제 기도였습니다. 신기하게도 가롯 유다의 배신이 남의 일 같지 않았고, 배신당한 예수님이 내 일 같아 눈물이 쏟아지기 시작했습니다. 예수님을 생각하면 배신당한 나의 일 같은 건 문제도 아니었고, 그냥 머릿속에서 사라져버렸습니다. 그 뒤로 〈신약성경〉을 사랑하게 되었노라고 고백합니다.

마태복음

(26;20) 저물 때에 예수께서 열두 제자와 함께 앉으셨더니

(26;21) 그들이 먹을 때에 이르시되 내가 진실로 너희에게 이르노니 너희 중의 한 사람이 나를 팔리라 하시니

(26;22) 그들이 몹시 근심하여 각각 여쭈오되 주여 나는 아니지요

(26;23) 대답하여 이르시되 나와 함께 그릇에 손을 넣는 그가 나를 팔리라

(26;24) 인자는 자기에 대하여 기록된 대로 가거니와 인자를 파는 그 사람에게는 화가 있으리로다 그 사람은 차라리 태어나지 아니하였더라면 제게 좋을 뻔하였느니라

(26;25) 예수를 파는 유다가 대답하여 이르되 랍비여 나는 아니지요 대답하시되 네가 말하였도다 하시니라

오늘은 예수께서 이 땅에 오셔서
어떤 일을 하셨는지 묵상해보심 어떠실까요?
죽은 자를 살리시고, 병든 자를 고치시고,
어려운 사람의 친구 되어주신 분,
예수님과 함께하는 좋은 하루인 오늘도 고맙습니다.

(26:26) 그들이 먹을 때에 예수께서 떡을 가지사 축복하시고 떼어 제자들에게 주시며 이르시되 받아서 먹으라 이것은 내 몸이니라 하시고

(26:27) 또 잔을 가지사 감사 기도 하시고 그들에게 주시며 이르시되 너희가 다 이것을 마시라

(26:28) 이것은 죄 사함을 얻게 하려고 많은 사람을 위하여 흘리는 바 나의 피 곧 언약의 피니라

(26:29) 그러나 너희에게 이르노니 내가 포도나무에서 난 것을 이제부터 내 아버지의 나라에서 새것으로 너희와 함께 마시는 날까지 마시지 아니하리라 하시니라

가슴 먹먹해지는 장면입니다. 오늘은 예수께서 이 땅에 오셔서 어떤 일을 하셨는지 묵상해보심 어떠실까요? 죽은 자를 살리시고, 병든 자를 고치시고, 어려운 사람의 친구 되어주신 분, 예수님과 함께하는 좋은 하루인 오늘도 고맙습니다.

다윗이 유언으로 남긴 비밀

앞에서 한번 소개해드렸었는데, 저를 위해서라면 목숨도 아깝지 않으시다고 하시던 아버지는 유언으로 제게 엄마를 책임지라고 부탁하고, 엄마에게는 저를 부탁하고 이 세상을 떠나셨습니다. 우리 모녀는 지금도 아버지가 계셨으면 이러셨겠지, 저러셨겠지 하면서 아버지를 그리워하며 웃곤 합니다. 그래서 솔로몬에게 아버지 다윗의 유언은 어떠했을까 궁금했습니다.

열왕기상

(2:1) 다윗이 죽을 날이 임박하매 그의 아들 솔로몬에게 명령하여 이르되

(2:2) 내가 이제 세상 모든 사람이 가는 길로 가게 되었노니 너는

힘써 대장부가 되고

(2:3) 네 하나님 여호와의 명령을 지켜 그 길로 행하여 그 법률과 계명과 율례와 증거를 모세의 율법에 기록된 대로 지키라 그리하면 네가 무엇을 하든지 어디로 가든지 형통할지라

(2:4) 여호와께서 내 일에 대하여 말씀하시기를 만일 네 자손들이 그들의 길을 삼가 마음을 다하고 성품을 다하여 진실히 내 앞에서 행하면 이스라엘 왕위에 오를 사람이 네게서 끊어지지 아니하리라 하신 말씀을 확실히 이루게 하시리라

가장 위대한 왕인 아버지가 가장 위대한 왕으로 평가받을 아들에게 했던 유언이라 제 가슴이 뛰었습니다. 핵심 키워드는 이거였습니다. 대장부, 하나님의 법, 하나님의 약속.

왕은 대장부여야 합니다. 왕이 졸장부면 그 나라가 제대로 평안할 수 있겠습니까? 그래서 아버지는 대장부가 되라고 말해줍니다. 그리고 하나님 법과 명령을 지키기만 하면 형통할 거라고 자신의 비밀도 말해줍니다. 수많은 고난 속에서도 성공할 수 있었던 다윗이 깨달았던 비밀을 자식에게 말해주고 있는 것입니다. 그리고 하나님께서 다윗에게 약속하셨던 것을 다시 한번 상기시켜주면서 잘될 거라고, 힘을 줍니다. 멋진 아버지인 건 틀림없네요.

가장 멋진 우리 예수님 마지막 말씀은 무엇일까요?

사도행전

(1:8) 오직 성령이 너희에게 임하시면 너희가 권능을 받고 예루 살렘과 온 유대와 사마리아와 땅 끝까지 이르러 내 증인이 되리 라 하시니라

오늘은 어디에 계시건 아버지를 마음껏 그리워해보는 날로 만 들어보시면 어떠실까요?

어둔 밤을 밝히는 빛의 사자들

톨스토이, 천재 중의 천재이지요. 《사람은 무엇으로 사는가》라는 책을 읽으면서 한없이 눈물을 흘렸었습니다. 제게 20대 내내 찾았던 질문에 대한 답이 그 안에 있었습니다.

"나는 모든 사람이 자신을 돌봄으로 사는 것이 아니라 사랑으로 산다는 것을 알았다."

이번에는 그 톨스토이가 〈나는 무엇을 믿는가〉라는 글에서 이렇게 말하고 있습니다. 조금 길지만 그래도 소개해드리고 싶습니다.

나는 절망 대신에 죽음으로도 흔들리지 않는 삶의 행복과 기쁨을 경험하였다. 이러한 일이 나에게 일어났음을 말한다면 분명, 어느 누구에게 영향을 줄 수 있을까?

십자가에 못 박힌 죄인 같은 나는 그리스도의 가르침을 믿고 구원받았다. 이것은 결코 억지 비교가 아니라 내가 과거에 살았던 삶과 죽음에 대한 영적인 절망 및 두려운 상태와, 지금 내가 누리고 있는 평안과 행복의 상태에 대한 가장 가까운 표현이다.

죄인과 같은 나는 악하게 살았고, 살고 있다는 것을 알았으며 대부분의 주위 사람들이 나처럼 사는 것을 보았다. 나는 죄인처럼 불행하며 고통받고 있다는 것과 나의 주변 사람들 역시 그렇다는 것을 알게 되었다. 죽음에 의하지 않고는 그러한 처지에서 벗어날 아무런 방법이 없음을 깨달았다.

마치 죄인이 십자가에 못 박힌 것처럼, 나는 어떤 힘에 의해 그런 고통과 악의 삶에 못 박혔다. 삶의 무의미한 고통과 악 뒤에, 죄인이 무서운 죽음의 암흑을 기다리던 것처럼, 나도 똑같이 기다리고 있었다.

그것은 나에게 무섭게 느껴졌다. 그런데 갑자기 그리스도의 말씀을 듣고부터 삶을 이해하게 되었고 생과 사가 악으로만 보이지 않았다.

"나는 모든 사람이 자신을 돌봄으로 사는 것이 아니라
사랑으로 산다는 것을 알았다."
십자가에 못 박힌 죄인 같은 나는 그리스도의 가르침을 믿고 구원받았다.

갑자기 이 찬송이 생각나시지 않나요?

빛의 사자들이여
어서 가서 어둠을 물리치고
주의 진리 모르는 백성에게
복음의 빛 비춰라

빛의 사자들이여
복음의 빛 비춰라
죄로 어둔 밤 밝게 비춰라
빛의 사자들이여,

오늘도 좋은 하루라 고맙습니다.

세상이 말하는 사랑 vs 하나님이 알려주신 사랑

이렇게 날이 추워지면, 방황하고 고뇌하던 20대의 그 시간들이 생각납니다. 특히 유명한 작가들의 작품 속에 있는 사랑에 대한 멋진 문장들을 외워서 친구들에게 아는 척해가며 이야기했던, 지금은 괜히 웃음이 나오는 그런 나날들이었지요.

기억할 수 없는 나이에 엄마를 잃은 저로서는 '사랑'이란 두 글자에 더 집착했던 시간들이었습니다. 세상에서 말하는 사랑과 하나님이 알려주신 사랑, 그 차이는 무엇인가에 대해서도 많은 생각을 하게 되었지요.

괴테는 사랑에 대해서 이렇게 말했습니다.

우리는 어디서 태어났습니까
사랑에서

우리는 왜 사그라집니까

사랑이 없어서

우리는 무엇으로 자신을 극복합니까

사랑으로

우리도 사랑을 찾아낼 수 있습니까

사랑을 통하여

오래 울지 않게 하는 것은 무엇입니까

사랑입니다

무엇이 우리를 하나로 묶어 줍니까

사랑이

톨스토이는 《사람은 무엇으로 사는가》에서 이렇게 말합니다.

하나님은 하나님의 명령을 잘 이행하지 못하여 인간세상에 떨어진 천사에게 숙제를 내줍니다. 천사는 이 숙제를 다 풀어야 하늘나라로 갈 수 있습니다. '인간의 마음속에 무엇이 있는가? 인간에게 허락되지 않는 것은 무엇인가? 사람은 무엇으로 사는가?'

인간의 마음에는 사랑이 있고, 인간이 곧 죽을 텐데도 그것을 알지 못하고 행동하는 것을 보고는 인간에게 진정 필요한 것이 무엇인지 아는 지혜는 허락되지 않았고, 그리고 아이들의 친엄마가 '자신이 죽으면 애들도 죽을 거니 살려달라.'라고 하였지만, 이웃 주민이 보듬어 사랑으로 잘 키운 것을 보고 사람이 혼자가 아닌 공동체의 사랑으로 사는 것이라 깨닫게 됩니다. 낳지는 않았지만 지금껏 사랑으로 저를 키워주신 어머니, 어머니는 사랑입니다.

요한1서

(4:8) 사랑하지 아니하는 자는 하나님을 알지 못하나니 이는 하나님은 사랑이심이라

그리고 고린도전서 13장 13절을 이해했습니다.

고린도전서

(13:13) 그런즉 믿음 소망 사랑 이 세 가지는 항상 있을 것인데 그중에 제일은 사랑이라

오늘은 누군가에게 하나님의 사랑을 실천하고 싶은 하루라 고맙습니다.

시원한 바람이란 으레
이렇게 왔다 가는 것을

오늘은 김동길 박사가 쓴 《링컨의 일생》이란 책을 다시 꺼내 봅니다. 박사학위 논문의 주제가 링컨이었다고 해서 열심히 읽었던 책이었지요.

하나님의 관점으로 링컨을 분석하기를 좋아하는 저로서는 세상의 관점에서 링컨을 분석한 책을 찾아보고 읽어보는 것이 즐거움의 하나였습니다. 그래서 찾게 된 책 중의 하나가 바로 김동길 박사가 쓴 《링컨의 일생》이란 책이었습니다. 책 중에 있었던 일화입니다.

링컨이 하원의원 선거에 나갔을 때 일입니다. 상대방은 민주당에서 내세운 목사였던 피터 카트라이트였습니다. 링컨은 선거운동기간 중 카트라이트가 인도하는 부흥집회에 가게 됩니다.

"그 민주당 후보는 회개하라. 그렇지 않으면 지옥의 형벌을 면할 길이 없으리라. 새생활을 하기를 결심하고 모든 정성을 하나님께 바쳐 천당에 가기를 희망하는 사람들은 다 일어나시오."라고 말했습니다.

몇 사람이 일어났고, 계속해서 "그럼 지옥에 가기를 바라지 않는 사람들 일어나시오." 하니 단 한 사람만 빼고는 다 일어섰습니다. 물론 그 한 사람은 링컨이었지요. 그 목사인 민주당 후보는 링컨에게 "그럼 한마디 묻겠습니다. 귀하는 어디로 가시려나요?" 했습니다.

링컨은 느릿느릿 말투로 대답했습니다.

"목사님만 상관 않으신다면 저는 국회로 갈 참입니다."

링컨의 유머 한마디에 링컨은 불신자라는 비난을 받았다고 합니다. 하나님의 사람 링컨, 기도하는 사람 링컨으로 알고 있는 우리로서는 이 사건으로 링컨이 불신자라는 비난을 받고 오해를 받았다는 사실이 믿어지지가 않습니다. 그러나 세상은 늘 이렇습니다. 정치는 더 그렇습니다. 링컨도 해명하느라 진땀 났을 겁니다.

아마 링컨 자신도 자신이 대통령이 되었을 때 깨달았을지도 모릅니다. 이건 기적이라고, 하나님이 아니면 자신이 대통령이 될 수 없었다는 것을요. 그렇기에 대통령이 되고 난 후 링컨은 처절할 정도로 하나님의 도구로 그 역할에 충실합니다.

남북전쟁에서 승리했을 때, 흑인 노인이 링컨 앞에서 무릎을 꿇고 "메시아가 오셨다!"라고 하면서 할렐루야를 외쳤습니다. 그때 링컨이 이렇게 말합니다.

"내 앞에 무릎을 꿇지 말아요. 그러면 안 돼요. 하나님 한 분에게만 무릎을 꿇어야 해요. 그리고 앞으로 누리게 될 자유를 기억하고 감사를 드려야 해요. 나는 하나님의 도구에 불과합니다."

이 책의 마지막을 그대로 옮겨봅니다.

"시원한 바람이 스치고 지나가는 것 같다. 어쩌다 백악관의 주인 노릇을 잠시 한다고 믿었던 그 사람 미국 대통령 에이브러햄 링컨. 그는 과연 답답한 인류의 역사 속에 불고 간 시원한 바람이었다. 시원한 바람이란 으레 이렇게 왔다 이렇게 가는 것을."

김동길 박사도 그가 쓴 마지막의 구절처럼 이렇게 왔다 이렇게 가셨습니다. 오늘도 좋은 하루, 시원한 바람이 스치는 하루가 고맙습니다.

기도밖에 할 게 없었다

시편

(24:8) 영광의 왕이 누구시냐 강하고 능한 여호와시요 전쟁에 능
한 여호와시로다

전쟁에 능한 여호와, 전쟁은 하나님께 속한 것이라는《성경》말
씀에 이를 증명할 증거 찾아야지요. 나폴레옹을 찾았고, 넬슨을
찾았고, 웰링턴, 이제는 미국의 조지 워싱턴 차례입니다.

미국이 1776년 독립선언을 했을 때 영국은 어땠을까요? 세계
최강의 영국이 볼 때, 미국 식민지의 독립군은 별 볼일 없는 군대
였을 겁니다. 민간인 지원병, 급조된 독립군, 군대라고 하지만, 영
국을 상대하기에는 턱없이 부족한 상태였겠지요. 이때 임명된 사
령관이 미국의 초대대통령이 되는 조지 워싱턴입니다.

싸움만 하면 패배했던 워싱턴 장군이었고, 사람들 모두 지쳐 가고 있었습니다. 영국군이 미국의 수도 필라델피아를 점령했고, 워싱턴 장군이 있는 벨리 포지로 진격해오는 상황 속에서 워싱턴 은 과연 어떻게 해야 했을까요?

여기서 지면 모든 것이 끝날 수 있는 상황이었습니다. 상황은 급박했는데, 이상하게도 영국군은 멈춘 듯이 조용했고, 독립군의 보급품도 끊어지고, 가장 무서운 것은 날씨였습니다. 죽음에 이르게 하는 추위, 바로 동장군이었지요.

기도 말고는 워싱턴 장군이 할 수 있는 게 없었습니다. 신실한 기독교인인 장군은 깊은 밤, 산에 가서 기도하기 시작했습니다.

"하나님 이제 저는 끝입니다. 이 겨울 더 이상 견뎌낼 수가 없습니다."

며칠을 계속해서 기도했고, 그 과정에서 '진군하라' 하는 소리 를 듣습니다. 처음에는 환청인가 했지만, 또 들리는 겁니다. '진 군하라' 또 기도하기 시작했습니다. 세 번째 '진군하라' 그 소리 를 듣고는 하나님의 응답으로 생각하고 영국군을 향해, 무조건 진군하기 시작합니다.

그 결과, 비밀리에 감행한 워싱턴의 기습작전 대 성공이었습

사실상, 워싱턴 장군이 할 수 있는 게 없었습니다.

지금 생각해도 기도 말고는 없었을 듯합니다.

신실한 기독교인인 장군은 깊은 밤, 산에 가서 기도하기 시작했습니다.

전쟁은 하나님께 속한 것이라는 찬양이 저절로 나오는 대목입니다.

니다. 영국군의 지휘관이 포커게임에 열중하다가, 그대로 당하고 말았다고 하니, 전쟁은 하나님께 속한 것이라는 찬양이 저절로 나오는 대목입니다.

그 당시 눈치만 보면서, 움직이고 있지 않았던, 많은 동네 사람들이 워싱턴이 《성경》을 펴놓고 기도하는 것을 보면서 이렇게 말했다고 합니다. 워싱턴이 무조건 이긴다고요. 그리고 나서서 도와주기 시작했다고 합니다.

그 교회에는 이런 기도가 적혀 있다고 합니다.

"전능하신 하나님이시여, 미국을 지켜주실 분은 하나님뿐임을 믿습니다. 이 국가의 지도자들이 하나님의 말씀에 순종할 수 있도록 하시고 국민을 사랑할 수 있도록 형제애를 허락하여 주옵소서. 이들이 솔선하여 정의를 행하도록 하시고, 자비를 사랑하며, 좋은 날을 이루기 위해 겸손히 국민들을 섬기는 자들이 되게 하옵소서."

이 자료를 찾아 읽다 보니, 극동방송 이사장이신 우리 김장환 목사님의 대한민국을 위한 기도와 똑같습니다. 목사님의 90세 생신을 축하드리며, 극동방송이 북한 땅에 세워질 그날까지 건강하시길 기도합니다.

존 애덤스의 기도

미국 제2대 대통령 존 애덤스를 기억하시나요? 미국의 독립운동을 이끌었던 분이고, 부통령을 지내고 대통령으로 당선되었던 준비된 대통령이었습니다.

1800년 11월 1일, 취임 직전 애덤스는 백악관에서 업무를 시작하기 위해 새로운 수도에 도착했습니다. 아직 축축하고 정리가 끝나지 않은 집에서 보낸 둘째 날 밤, 아내에게 쓴 편지가 전해져 옵니다. 그중 일부 내용이 저의 눈을 사로잡았습니다. 미래의 대통령들을 위하여 기도하겠다는 내용인데요.

"… 이 편지를 맺기 전 나는 하늘에 계신 우리 아버지께서 이 백악관과 앞으로 이 집에 머물 모든 이들에게 복에 복을 더하여 주시기를 간구하겠소. 정직하고 지혜로운 사람만이 이 집에서 대통령 직을 수행하게 되기를 말이오."

그리고 세월이 흘러 100여 년이 지난 후, 백악관의 주인이 된 루스벨트 대통령은 애덤스 대통령의 기도문을 읽고 감동을 받아 백악관 식당 벽에 그 기도문을 기록해놓았다고 합니다. 지금도 백악관 식당에는 하나님의 도움을 간구했던 존 애덤스의 기도문이 그대로 적혀 있다니 너무 부러울 뿐입니다.

이 멋진 대통령이 아들에게 남긴 말도 역시 부러울 뿐입니다.

아들아, 네가 인생에서 참 평안을 누리고 주위 사람들에게 유익한 사람이 되기 원한다면, 네 자신의 행동과 기질, 감정을 관리하는데 반드시 특정한 규칙과 원칙이 있어야 한다. 그리고 이러한 규칙과 원칙은 성경에 담겨 있다. 너는《성경》으로부터 그것들을 배우고, 어떻게 실천에 옮길 수 있는지를 알아가야 한다. 이는 하나님에 대한, 네 주위 사람들에 대한, 그리고 너 자신에 대한 의무이다.

역시 믿음의 사람은 공통점이 있습니다.《성경》이 얼마나 위대한 책인지 그 비밀을 알고 있다는 것이지요. 오늘은 애덤스 대통령이 했던 말을 다시 한번 새겨봅니다.

한 나라의 미래는 기도 속에 있다

　미국 남북전쟁 이후, 사회 재통합을 위한 그 중요한 시기에 대통령은 누구였을까요? 헤이즈 대통령입니다. 대통령 헤이즈에 대하여 자세한 내용은 다 잊었지만, 그의 취임연설 만큼은 기억하고 싶습니다. 그 일부를 소개합니다.

　"나라의 흥망과 개인의 운명을 결정지으시는 전능하신 하나님의 인도하심을 구합니다. 저는 상하의원과 판사 그리고 국민 여러분께서 저와 함께 물질적인 번영뿐 아니라 정의 평화 연합의 복을 얻을 수 있도록 진지한 노력을 기울여주시기를 간청합니다.
　이 연합은 권력의 강제에 의한 것이 아니라 자유로운 국민들의 상호 헌신에 의한 것입니다. 그리고 모든 것들이 질서 있

게, 가장 훌륭하고 확실한 기초 위에 세워져 평화와 행복 진

리와 정의 종교와 신앙이 우리 가운데 대대로 넘쳐나기를 간

구합니다."

참 멋진 취임연설입니다. 누구도 흉내 낼 수도 없는 미국의 그

시기 상황에 가장 적합한 연설이었습니다.

영부인 헤이즈 여사는 백악관에서 매일 아침 기도를 시작하게

했으며, 매주일 저녁마다 내각과 의회의 의원들이 대통령 부부와

함께 찬송을 부르곤 했습니다. 그 아침 기도는 다음과 같습니다.

"오늘도 변함없이 우리에게 새날을 허락하신 하늘의 아버지,

변함없는 새날을 주심같이 오늘도 우리를 보호하여 주옵소서.

우리가 어떤 종류의 위험에도 처하지 않게 하시고, 악에서 지

켜주시옵소서. 우리의 모든 행위가 하나님의 인도하심을 따르

게 하시고, 주님 보시기에 의롭고 합당하게 하옵소서. 아멘."

기도하는 대통령들 참 부럽습니다. 미국의 대통령들의 기도를

찾다 보면 오늘의 미국의 번영은 이미 하나님의 계획 속에 있으

셨다는 생각이 듭니다.

우리는 매일 새벽기도 하시는 어머니 권사님들이 계십니다.

대한민국의 미래도 그 기도 속에 있습니다. 걱정은 하되, 실망할 필요가 없는 이유입니다. 오늘도 힘을 내시는 하루 되시길 기도 드립니다.

하나님의 뜻을 생각해보라

몇 해 전에 배재학교를 졸업하신 목사님과 아펜젤러에 대하여 많은 이야기를 나누다가 불쑥 이런 질문을 듣게 되었습니다. '하나님은 그렇게 훌륭한 분을 하필이면 바다에서 선박 사고로 죽음에 이르도록 허락하셨을까? 이해가 가지 않는다.'였습니다.

기록에 의하면, 아펜젤러 목사는 1902년 6월경 성서번역위원회에 참여하기 위해 제물포(인천)에서 목포로 가는 배를 타게 됩니다. 군산 앞바다에 이르렀을 때, 갑작스러운 짙은 안개에 선박 충돌이 일어났고, 주변의 사람들을 먼저 구조하다가 늦어져 배와 함께 그만 사망하게 되지요. 1885년에 조선으로 첫발을 떼고, 1902년에 조선에서 생을 마감한 것이지요.

지나가는 이 질문이 문득문득 떠오르고 생각하고 그랬습니다.

'왜 그렇게 데려가셨을까? 하나님의 뜻은 무엇이었을까?' 그러다가 혹시 이건 아니었을까 생각해봅니다.

아펜젤러 박사 하면 떠오르는 건 배재학당입니다. 당시 새로운 시대를 이끌 유능한 젊은이들을 키워내면서 복음으로 무장시킨 학교이지요. 그 당시 기준으로 보면 학교 자체가 기적이었습니다.

그리고 그곳에는 20대의 청년 이승만이 있었습니다. 배재학당을 통해서 아펜젤러를 통해서 청년 이승만은 예수님을 알게 되고 복음을 알게 됩니다. 그리고 영어를 배우고 나중에 미국으로 갈 수 있는 기반이 이뤄집니다.

영화로 비유하면 모든 것이 복선으로 깔리게 되는 장면들입니다. 그 후로 일본의 항복, 조선의 독립, 대한민국의 탄생, 초대 대통령 이승만, 이렇게 연결되지요. 이승만 대통령이 아니었으면 과연 대한민국이 자유민주주의 국가로 탄생할 수 있었을까요? 결국 아펜젤러 박사는 대한민국을 자유민주주의 국가로 만들기 위한 하나님의 계획에 필요한 도구가 아니었을까요?

그렇다면, 배재학당을 세우고 청년 이승만이 입학하고 회심하고 한 거기까지 아펜젤러 박사는 주님이 주신 사명을 다한 것이라고 보여질 수 있습니다. 그 뒤의 시간들은 하나님이 어찌 하시든, 어떻게 하늘로 데려가시든 그것은 중요하지 않을 수 있다는 생각이 퍼뜩 들었습니다. 천국으로 가셨을 테니까요. 링컨의 죽

'왜 그렇게 데려가셨을까?
하나님의 뜻은 무엇이었을까?'
그러다가 혹시 이건 아니었을까 생각해봅니다
아펜젤러 목사는 그렇게 일찍 돌아가셨지만 배재학당에서는
우리나라 초대 대통령이 있었습니다.
그래서 저는 이렇게 기도하게 되었습니다.
'하나님 하나님, 저요, 하나님의 영광스러운 도구로 써주세요.

음도 안타깝지만 미국이 분열되지 않도록 하는 하나님의 계획 안에 있는 것이라면 링컨은 사명을 완수한 사람입니다.

그래서 저는 이렇게 기도하게 되었습니다. '하나님 하나님, 저요, 하나님의 영광스러운 도구로 써주세요.' 그리고 덧붙입니다. '이 땅에서 행복하게 건강하게, 100살이 넘도록, 잘 살고 천국 가게 해주세요.' 미소 지으시는 주님을 상상하면서 크게 웃습니다.

이사야

(41:10) 두려워 말라 내가 너와 함께 함이니라

하나님의 뜻을 생각하는 오늘도 좋은 하루라 고맙습니다.

대한민국을
하나님이 만드신 증거

제게는 직업병 같은 것이 있습니다. 검사를 했기에 증거에 집중하다 보니 생긴 증거찾기가 그것입니다.

"대한민국, 하나님이 만드신 것을 믿으십니까?"라고 물으면 믿음이 있는 분들은 대부분 "아멘"하고 대답하십니다. 그러나 "증거가 있습니까?"라고 물으면 머뭇거리십니다. 언제부터인가 저는 그 증거를 찾기 시작했습니다. 그리고 그 증거를 찾아냈습니다. 제가 처음 국회의원이 되어 국회로 왔을 때 제헌국회 속기록에서 발견했습니다.

기록에 의하면, 1948년 5월 31일 대한민국 국회 1차 회의가 열렸습니다. 이때 임시의장으로 사회를 보신 분이 이승만 박사입니다. 그분이 했던 말씀이 그대로 기록되어 있습니다.

"대한민국 독립민주국 제1차 회의를 여기서 열게 된 것을 우리가 하나님에게 감사해야 할 것입니다. 종교, 사상 무엇을 가지고 있든지 누구나 오늘을 당해가지고 사람의 힘으로만 된 것이라고 우리가 자랑할 수 없을 것입니다. 그러므로 하나님에게 감사를 드리지 않을 수 없습니다. 나는 먼저 우리가 다 성심으로 일어서서 하나님에게 감사를 드릴 터인데 이윤영 의

원 나오셔서 간단한 말씀으로 하나님에게 기도를 올려주시기
를 바랍니다."(이윤영 의원 기도, 일동기립)

지금의 국회에서는 상상도 할 수 없는 일입니다. 그렇다면 그
당시에 기적이라고 할 수 있는 이런 일이 어떻게 일어날 수 있었
던 것인지 생각해보았습니다. 당시 이렇게 기도할 수 있었다는
것은 우리 손으로 국회의원을 선출해서 제헌국회를 열었다는 것
자체가 기적이라고 생각했기에 가능했던 일 아니었을까요? 이윤
영 의원은 목사님이었다고 합니다. 기도는 이렇게 시작됩니다.

"이 우주와 만물을 창조하시고 인간의 역사를 섭리하시는 하
나님이시여, 이 민족을 돌아보시고 이 땅에 축복하셔서 감사
에 넘치는 오늘이 있게 하심을 주님께 저희들은 성심으로 감
사하나이다."

그리고 기도의 마지막은 이렇게 끝맺습니다.

"역사의 첫걸음을 걷는 오늘 우리의 환희와 우리의 감격에 넘
치는 이 민족적 기쁨을 다 하나님에게 영광과 감사를 올리나
이다. 이 모든 말씀을 주 예수 그리스도 이름을 받들어 기도

하나이다. 아멘."

오늘도 주님께 감사하며 기뻐함으로 하루를 시작해보실까요?

하나님께서 시작하신
나라를 위해 기도하자

대한민국을 하나님이 만드셨다는 증거찾기에서 제헌국회 속 기록 말고 또 하나의 증거가 있습니다.

제가 찾은 두 번째 증거입니다. 우리나라 〈애국가〉의 가사는 안창호 선생님이 지은 시라고 합니다. 안창호 선생님은 금식기도를 하면서 이 가사를 지었다고 전해집니다. 삼천리 반도 금수강산에 하나님의 은혜가 충만하기를 기원하고, 우리 민족의 단결을 기원하고, 민주주의를 기원하면서 말입니다. 그래서 원래 가사에 '하나님이 보우하사'가 나오게 된 것입니다.

한국이 낳은 세계적 작곡가이면서 지휘자인 안익태 선생님은 이 가사를 처음 듣고 '〈애국가〉는 내 손으로 작곡하고야 말리라.'라고 결심하게 됩니다. 하나님이 도와주실 거라고 믿으면서 말입니다. 기적처럼 그분에게 어느 날 꿈결에 악상이 떠오르게 됩니다. 드디어 〈애국가〉가 만들어졌습니다. 안익태 선생님은 그 이후에 많은 사람에게 〈애국가〉는 자신이 만든 것이 아니라 하나님이 꿈으로 보여주셨노라고, 고백을 하게 됩니다.

1948년 우리 정부가 만들어지고 〈애국가〉를 대한민국의 국가로 정식 채택하였을 때, 안익태 선생은 이승만 대통령에게 편지를 보냅니다.

"사랑하는 나의 조국 우리 정부가 채택한 〈애국가〉는 본인이 지은 것이 아닙니다. 하나님께서 우리 민족에게 주신 선물입니다. 본인은 하나님의 영감을 받아 우리 동포들에게 전달한 것뿐입니다. 이 아름다운 선물에 감사하고 보답하는 일을 하렵니다."

이 편지 내용을 보면서 저는 또 울컥했습니다. 그럼 그렇지. 하나님이 하셨구나.

이 증거들을 종합하면 이렇습니다. '대한민국은 기도로 시작했고, 〈애국가〉는 하나님이 주신 선물이다.'로 귀결되어집니다. 대한민국의 건국은 나라를 사랑한 수많은 선조들의 눈물과 기도가 그 안에 있었던 것입니다. 하나님께서 우리를 사랑하신 그 사랑이 그 안에 있었던 것입니다.

저는 걱정하지 않습니다. 아무리 어려워도 우리가 기도만 하면 하나님이 우리를 지켜주실 것을 믿기 때문입니다. 하나님이 시작하신 나라, 하나님이 이끌어가심을 믿기 때문입니다. 오늘은 자유대한민국, 평화통일, 복음통일을 기대하면서 기도해주심 어떠실까요?

왜 간증을 해야 할까?

내게 남아 있는 검사의 직업병 증거찾기 말고 또 하나가 있습니다. 질문하는 습관입니다. 물론 저 자신에게도 피할 수 없습니다. 도대체 나는 왜 간증을 할까요? 스스로에게 묻고, 하나님께도 물었습니다.

내 젊은 날, 정신적 방황이 심했을 때 이러다가 죽을 수도 있다는 생각을 했던 적이 있었습니다. 밖으로 나가는 것이 두려웠고, 사람들 만나는 게 싫었습니다. 그래서 죽고 싶은 사람의 심정을 누구보다도 잘 알 수 있습니다. 만약 그때 누군가가 저에게 하나님은 사랑이시고, 지금도 우리의 삶 속에서 역사하고 계시고, 하나님을 만날 수도 있다는 것을 알려주고 말해주었다면 그렇게까지 힘들지 않았을 것인데 하는 생각을 해보게 됩니다.

누군가 죽고 싶다가도 내 이야기를 듣고 살고 싶다는 생각이 든다면 우리는 간증을 해야 하는 것입니다. 사람을 살리자, 그래서 간증 요청이 오면 거절하지 않고 열심히 다녔습니다. 작은 시골교회도 갔었고, 개척교회도 갔었습니다. 정치를 하면서 간증하는 것이 많은 논란을 가져올 수도 있다는 것을 나중에 알게 되었지만, 멈추지 못했던 것은 바로 이 사건 때문이었습니다.

왜 간증을 하는 것인가에 대한 질문을 스스로에게 하던 어느 날 제 블로그에 쪽지 하나가 배달되었습니다. 보낸 사람은 생후 8개월 된 여아를 둔 29세 미혼모였습니다. 어릴 때는 교회를 다녔었는데 지금은 다니지 않는다는 것, 사는 것이 너무 힘들어 아이와 함께 죽으려고 했다가 우연히 내 간증을 듣게 되었고, 하나님이 계실지도 모른다는 생각이 들었으며, 갑자기 살고 싶다는 생각이 들었다고 했습니다. 혹시나 하나님께서 우리 아이도 의원님처럼 만들어주실지 모른다는 희망이 생기기 시작했다며 지금부터라도 제대로 살아야겠다는 편지였습니다.

이상하게도 그 쪽지 편지를 읽으면서 제 가슴은 뛰기 시작했습니다. 즉시 답장해야 할 것 같았습니다. 아기를 위해서 기도하라고, 기적을 달라고 기도하라고, 그러면 기적처럼 아기가 엄마에게 기적이 될 거라고 보냈습니다.

누군가 죽고 싶다가도 내 이야기를 듣고 살고 싶다는
생각이 든다면 우리는 간증을 해야 하는 것입니다.
사람을 살리자, 그래서 간증 요청이 오면
거절하지 않고 열심히 다녔습니다.

저도 모르게 '기적'이라는 단어를 많이 썼었나 봅니다. 그녀에게서 다시 답장이 왔는데, 자기는 너무 놀라서 기절하는 줄 알았다고 하면서 아무리 검사님을 하셨다지만 어떻게 이렇게 사람을 꿰뚫어보실 수 있냐고 하면서 자기 아이의 태명이 '기적'인 것을 어떻게 알았냐는 내용이었습니다.

놀라서 기절할 것 같았던 건 저 또한 마찬가지였습니다. 온몸에 전율이 느껴졌습니다. 저를 향해서도, 간증을 계속하라는 주님의 메시지였습니다. 주변의 많은 사람들이 저보고 정치인인데, 간증까지 하면서 한 종교를 너무 티 내면 표에 도움이 되지 않는다고 충고했지만, 그 충고에 대한 답변을 하나님께서 그녀를 통해 하신 것이었습니다. '기어이 살라고, 죽지 말라고'. 이 말을 하려고 저는 오늘도 간증하고 있습니다.

오늘은 찬송을 불러봅니다. 아무래도 하루 종일 부를 기세입니다.

이것이 나의 간증이요 이것이 나의 찬송일세.
나 사는 동안 끊임없이 구주를 찬송하리로다.

믿음으로 구하면
땅이 응답한다

　검사시절 수사를 하다 보면, 도저히 해결될 것 같지 않던 일들이 상상할 수 없는 기이한 방법으로 해결될 때가 있습니다. 세상의 언어로는, 때로는 죽은 자가 산 자를 돕고, 산 자가 죽은 자를 돕는다고 표현해봅니다. 하나님의 언어로는, 우리가 주님께 믿음으로 구하면 땅이 응답한다로 표현하면 맞을까요?

　어쩌면 저는 이 세상에 나온 지 얼마 되지도 않아 몸으로 그것을 배웠는지도 모릅니다. 어머니는 동생을 낳다가 피를 많이 흘리셨다고 합니다. 그렇게 어머니는 돌아가시면서 아마도 하나님께 남아 있는 아버지와 우리 남매를 위하여 기도했을 겁니다. 결국 아버지는 월남전으로 우리 남매는 아버지의 절친한 친구의 여동생에게 맡겨지게 되었습니다. 그 여동생은 나의 엄마가 되어, 평생 저를 돌봐주셨고, 지금도 저와 함께 살면서 저의 아이들까지도 돌봐주십니다.

피붙이가 아니더라도, 남녀 간의 사랑이 아니더라도, 인간이라는 것 하나로 가족이 될 수 있음을 온몸으로 헌신하여 가르쳐주신 분, 자칫 깨질 수도 있었던 있었던 우리 가족을 안전하고 행복하게 지켜주신 분, 하나님이 사랑이라는 것을 당신의 인생을 통해서 가르쳐주신 분, 늘 하루하루를 감사함으로 살아야 한다고 가르쳐 주신 분도 어머니였습니다.

존 던(John donne)의 시 중에서 내 어머니를 닮은 구절이 있어 소개합니다.

사람은 누구도 섬일 수 없어
사람은 누구도 홀로일 수 없어
어떤 이의 기쁨은 나의 기쁨이고
어떤 이의 믿음은 나의 믿음이야

우리는 서로가 필요해
그래서 나는 지킬 거야
어떤 이를 내 형제처럼
어떤 이를 내 친구처럼

그리고 《성경》을 찾아봅니다.

요한일서

(4:7) 사랑하는 자들아 우리가 서로 사랑하자

사랑은 하나님께 속한 것이니

사랑하는 자마다 하나님으로부터 나서 하나님을 알고

(4:8) 사랑하지 아니하는 자는 하나님을 알지 못하나니

이는 하나님은 사랑이심이라

오늘도 좋은 하루 사랑으로 꽉 채운 하루가 고맙습니다.

하나님을 믿고 기다리자

노나라 좌구명이 《춘추전》을 해석한 《좌씨전》에 나오는 이야기입니다.

"바르지 못한 일을 많이 하게 되면 스스로 멸망하는 법이니 그
대는 잠시 기다리시오."

세상 역사도 알고 있습니다. 불의를 많이 행하다 보면 스스로
망한다는 것을요. 춘추시대 정나라 장공이 정적을 죽이자고 조급
해하는 측근들에게 했다는 말입니다. 그러니 하늘이 움직일 때까
지 조급해하지 말고 기다려야 한다고 말하고 있습니다.

그 시절에 하나님을 몰랐던 사람들 가운데 누군가는 마치 하나
님을 알고 있듯이 하늘의 이치로 깨닫고 있었다는 것이 놀랍습니

다. 제가 세상의 역사 이야기를 좋아하는 이유이기도 합니다. 세상 역사를 영적으로 다시 해석하면서 읽어보면 참 재미있습니다.

《성경》을 찾아봅니다.

사무엘상

(26:9) 다윗이 아비새에게 이르되 죽이지 말라 누구든지 손을 들어 여호와의 기름 부음 받은 자를 치면 죄가 없겠느냐 하고

(26:12) 다윗이 사울의 머리 곁에서 창과 물병을 가지고 떠나가되 아무도 보거나 눈치채지 못하고 깨어 있는 사람도 없었으니 이는 여호와께서 그들을 깊이 잠들게 하셨으므로 그들이 다 잠들어 있었기 때문이었더라

다윗이 사울을 충분히 죽일 수 있는데 직접 죽이지 아니하고 하나님께 맡기는 장면이지요. 그 이유가 24절에 있습니다.

사무엘상

(26:24) 오늘 왕의 생명을 내가 중히 여긴 것 같이 내 생명을 여호와께서 중히 여기서서 모든 환난에서 나를 구하여 내시기를

바라나이다 하니라

다윗의 주님에 대한 믿음, 제가 가장 닮고 싶은 부분입니다. '그 어떤 권력자가 하나님을 두려워하면서 하나님을 신뢰하면서 때를 기다릴 수 있을까?' 생각해봅니다. 다윗이기 때문에 가능했던 일이지만, 누구라도 다윗처럼 될 수 있다고 성경을 통해서 주님이 말씀하시는 것은 아닐까요?

낙담에 빠졌을 때
치유받는 말씀의 능력

링컨 대통령의 사랑하는 아들 윌리엄이 어린 나이에 병으로 세상을 뜨게 됩니다. 착한 윌리엄은 마치 죽음을 예견한 듯 옆에 계신 목사님과 가족들에게 이렇게 말을 합니다.

"목사님, 하나님께서 나를 부르세요. 그리고 엄마 아빠 내가 그동안 평소에 모아둔 헌금을 목사님께 전해주세요. 많지는 않지만 우리 교회 주일학교를 위해서 꼭 써주세요. 엄마 아빠 사랑해요."

링컨 부부는 아들의 죽음에 망연자실한 것에 헤어나올 수 없었습니다. 그러던 어느 날 목사님으로부터 이런 말을 듣습니다.

"대통령 각하, 윌리엄은 하늘나라에 살아 있습니다. 하나님을 믿던 착한 윌리엄 아닙니까? 더 이상 아들 때문에 슬퍼하거나 괴로워하지 마세요."

결국 윌리엄이 천국에 있다는 그 말씀으로 치유되고, 낙담 속에서 벗어날 수 있었습니다. 링컨 대통령을 회복시킨 분은 결국 하나님이셨습니다. 윌리엄의 마지막을 지킨 걸리 목사님은 이렇게 회고하고 있습니다.

"나는 링컨 대통령을 주일 예배와 수요일 기도회뿐만 아니라 자주 백악관으로 초청되어 만났습니다. 한번은 링컨을 만나고 돌아오는 길에 교회 성도님 한 분을 만났는데, 백악관에서 나오는 것을 보고는 물었습니다. '대통령을 만나면 특별한 음식이 나왔겠지요. 그리고 대화의 주제는 남북전쟁에 관한 것일 테고요. 그리고 링컨 대통령이 전쟁을 꼭 이기게 해달라고 기도 부탁을 했을 테고요.' 그러자 나는 '정말 죄송한데, 예측이 틀렸네요. 대통령과는 주로 이른 아침에 만나기 때문에 식사는 따로 하지 않고요. 대화 주제는 남북전쟁이 아니라 대통령의 개인적인 영적 문제들이었습니다. 기도 또한 그렇고요.' 라고 대답했습니다."

세상의 권력 부귀영화 그 무엇을 가지고 있을지라도
오직 하나님 앞에서 바로 서지 못하면 행복할 수 없다는 진리를
링컨을 통해서 확인하는 하루입니다.

결국 링컨 대통령은 하나님 앞에 자신을 바로 세우고 점검하기를 원했던 사람이었습니다. 그가 세상에서 가장 훌륭한 대통령이 될 수밖에 없었던 이유입니다. 세상의 권력 부귀영화 그 무엇을 가지고 있을지라도 오직 하나님 앞에서 바로 서지 못하면 행복할 수 없다는 진리를 링컨을 통해서 확인하는 하루입니다.

주님께 드릴 오늘의 고백으로 이 말씀 어떠신가요?

시편

(39:7) 주여 내가 무엇을 바라리요 나의 소망은 주께 있나이다

원수를 친구로 만들다

링컨이 총에 맞아 쓰러졌을 때 통곡하면서 여기 가장 위대한 사람이 누워 있다고 소리친 사람은 누구였을까요? 바로 스탠튼 국방장관이었습니다. 사실 둘 사이는 원수지간이었습니다. 스탠튼은 변호사였던 시절부터 링컨을 대놓고 무시하고 조롱했습니다. 시골뜨기 변호사라고 무시하고, 팔만 긴 원숭이라고 놀려댔지요. 링컨이 대통령에 당선되었을 때는 국가적 재난이라고 막말까지 서슴지 않고 했었습니다.

이런 사람을 링컨이 대통령이 되어, 국방부 장관으로 임명하려고 할 때 주위에서 다들 말렸습니다. 그러나 링컨 대통령은 이렇게 말합니다.

"남북전쟁을 소신을 가지고 추진력 있게 끌고 나갈 사람은 스탠튼이 적임자입니다. 그는 이 난국을 해결할 것이고, 해결한다면 나를 무시하더라도 난 괜찮습니다."

계속해서 원수를 없애버려야 뒤탈이 없다고 간언하는 참모들에게 링컨 대통령은 다시 이렇게 말합니다.

"맞아요 원수를 없애버려야지요. 원수는 우리 마음속에서 없애버려야 합니다. 원수를 사랑으로 녹여 친구로 만들어야지요. 이제 그는 나의 적이 아닙니다. 이제 그는 내 친구입니다."

스탠튼은 국방부 장관으로 재임하는 동안 진심으로 링컨 대통령을 존경하게 되었고, 링컨의 말대로 그 두 사람은 친구가 되었습니다.

링컨이 그냥 위대한 지도자여서 원수를 친구로 만들었다 하기에는 뭔가 부족해 보입니다. 사람으로서는 도저히 저럴 수가 없다는 것을 알기에 과연 무엇이 링컨을 저렇게 만들었을까 자꾸 궁금해집니다.

링컨은 알고 있었던 것이 아닐까요? 하나님이 자신에게 주신 사명이 무엇인지. 집이 절대로 둘로 나뉘어져서는 안 된다. 즉, 남북이 분열되어서는 안 된다. 이것이 하나님이 자신에게 주신 사명이라고 알았던 것 아닐까요? 하나의 미국을 만들기 위해서라면 자기 자신을 내려놓고 무엇이라도 감당해야 한다고 생각한 것 아닐까요?

《성경》을 찾아봅니다. 〈고린도후서〉 11장 24절에서 27절입니다. 사도 바울의 고백입니다.

고린도후서

(11:24) 유대인들에게 사십에 하나 감한 매를 다섯 번 맞았으며

(11:25) 세 번 태장으로 맞고 한 번 돌로 맞고 세 번 파선하는데 일 주야를 깊음에서 지냈으며

(11:26) 여러 번 여행에 강의 위험과 강도의 위험과 동족의 위험과 이방인의 위험과 시내의 위험과 광야의 위험과 바다의 위험과 거짓 형제 중의 위험을 당하고

(11:27) 또 수고하며 애쓰며 여러 번 자지 못하고 주리며 목마르며 여러 번 굶고 춥고 헐벗었노라

링컨과 사도 바울 그들이 보통 사람이 감당할 수 없었던 것을 감당할 수 있었던 것은 바로 하나님의 사명 때문이 아니었을지 그런 생각이 들었습니다.

링컨과 사도 바울을 생각하며 하나님이 내게 주신 사명이 무엇인지, 그걸 나는 알고 있는지, 다시 확인해보는 하루, 오늘도 좋은 하루 고맙습니다.

맥아더 장군의 고백

일본의 무조건 항복 수락 이후, 일본에 대한 통치권은 맥아더 장군에게 넘어갑니다. 그때 맥아더 장군은 이렇게 고백합니다.

"전쟁으로 완전히 파괴된 하나의 국가를 재건하는 일에는 나의 직업군인으로서의 지식이 무능하게 되었다. 나는 경제학자와 정치학자가 되어야 하고, 기사와 산업경영자와 교사가 되어야 하지만 그보다 촉박한 것은 일종의 신학자(神學者)가 되는 일이었다."

믿음의 조상을 둔 장군다운 고백이고, 하나님의 사람으로서 무엇을 해야 할지 알고 있었습니다. 그중 하나가, 선교사를 일본으로 보내달라고 요구한 것입니다. 놀라운 일입니다. 더 놀라운 것은 그 요구 내용이 구체적이고 상세하다는 것입니다.

- 선교사의 수하물과 가정용 도구, 자동차, 식량의 운송
- 선교단체 대표자에 대한 미국시민과 선교단체의 군사우편
  이용
- 육해군 의료시설 이용
- 선교단체 대표와 미국 이외의 선교단체 대표에 대한 군수
  송기 이용
- 군의 숙박시설 이용
- 기독교 지도자 양성을 위한 국제기독교대학 설립 지원

당연히 지원하는 선교사가 늘어났겠지요? 1946년에 315인, 1947년 503인, 1948년 707인, 1949년 662인의 선교사가 일본에 입국했습니다. 할렐루야가 절로 나오는 대목이지요.

장군이 매일 기도했다는 〈주기도문〉을, 우리도 암송하는 그 〈주기도문〉을 큰 소리로 〈마태복음〉 6장을 찾아 천천히 읽어봅니다.

마태복음

(6:9) 그러므로 너희는 이렇게 기도하라 하늘에 계신 우리 아버

지여 이름이 거룩히 여김을 받으시오며

(6:10) 나라가 임하시오며 뜻이 하늘에서 이룬 것같이 땅에서도 이루어지이다

(6:11) 오늘 우리에게 일용할 양식을 주시옵고

(6:12) 우리가 우리에게 죄지은 자를 사하여 준 것같이 우리 죄를 사하여 주시옵고

(6:13) 우리를 시험에 들게 하지 마시옵고 다만 악에서 구하시옵소서 (나라와 권세와 영광이 아버지께 영원히 있사옵나이다 아멘)

오늘도 좋은 하루, 신나는 하루라 고맙습니다.

하나님을 모르면 이해할 수 없다

　사막의 여우 롬멜 장군을 기억하시지요? 그의 아들은 아버지의 마지막 죽음에 대하여 이렇게 말하고 있습니다. 가족은 살려주겠다는 히틀러의 협박에 자살을 택한 아버지였다고요.

　사실 롬멜은 전쟁의 천재였던 사람입니다. 이 롬멜을 엘 알라메인 전투에서 패배시킨 사람은 영국의 몽고메리 장군이었고, 이 패배로 롬멜은 히틀러와 더 멀어지고 더 벌어집니다. 엘 알라메인 전투는 2차세계대전의 분수령이 된 전투였지요. 여기서 지면 또 영국이 끝장나는 그런 전투였습니다.

　그 영국의 사령관이었던 몽고메리 장군은 하나님을 알고 성경을 읽고, 기도하는 사람이었습니다. 그는 매일 밤 자신이 자신의 병사들을 패배하지 않도록 만들어달라고 하나님께 기도했지요. 롬멜 장군의 사진을 여기저기 많이 꽂아두고 붙여놓았다고 하니 얼마나 기도했을지 짐작이 갑니다.

롬멜의 주특기는 중단없이 계속 공격이었고, 그걸 안 몽고메리는 기다리는 전법을 쓰면서 독일군을 방어선 안까지 계속 끌어들이다가 격파해버립니다. 롬멜은 패배를 인정하고, 어쩔 수 없이 후퇴하면서 "비열한 작자가 싸울 생각은 안 하고, 캠핑이나 치고 있다니." 하면서 욕을 했다고 하지요.

캠핑. 이 단어에 빵 터졌습니다. 너무 이해가 돼서 말입니다. 몽고메리 장군은 이미 이길 것을 알고 있었구나. 하나님이 가르쳐줬구나. 그래서 자신만만했구나. 여유가 있었구나. 남들이 볼 때는 캠핑이나 치고 한가하게 노는 것처럼 보였겠구나.

그러나 하나님을 모르는 롬멜 입장에서는 몽고메리를 이해할 수가 없었을 테니 저런 말을 할 수밖에 없었겠지요.

몽고메리가 그 후에 노르망디 상륙 작전을 지휘하면서 군인들에게 한 연설은 더 유명합니다. 《성경》 구절을 인용했습니다. 이 연설의 그 《성경》 말씀 〈시편〉 56편을 찾아보았습니다. 앞부분과 뒷부분이 반복되어 나옵니다.

(56:3) 내가 두려워하는 날에는 내가 주를 의지하리이다

(56:4) 내가 하나님을 의지하고 그 말씀을 찬송하올지라 내가 하나님을 의지하였은즉 두려워하지 아니하리니 혈육을 가진 사람이 내게 어찌하리이까

(56:10) 내가 하나님을 의지하여 그의 말씀을 찬송하며 여호와를 의지하여 그의 말씀을 찬송하리이다

(56:11) 내가 하나님을 의지하였은즉 두려워하지 아니하리니 사람이 내게 어찌하리이까

오늘도 기쁘고 좋은 하루라 고맙습니다.

조금만 참고 기다렸다면

진정 하나님을 만나면 사람이 달라진다는 말씀에 동의하십니까? 성격도 바뀔 수 있다에 동의하십니까? 저 또한 저를 분석해보면, 열정적이고 급한 성격 때문에 젊은 날에 실수하고 후회하고를 반복했습니다. 지금은 조급함을 누르고 여유를 갖는 힘을 가지게되었고, 일희일비하지 않고 길게 보는 힘까지 갖게 되었습니다.

물론 여전히 옛사람의 본성이 불쑥 불쑥 나와서 저를 괴롭히지만, 다시 돌아다보고, 후회하고, 주님 손에 저를 올려놓고 기도하게 됩니다. 정답은 매일 매순간 하나님이 어찌 생각하실까를 잊지 말아야 하는데, 놓칠 때가 많습니다. 그래서 많이 속상합니다. 이럴 때는 다시 《성경》을 펼치고 읽어야 합니다. 〈잠언〉에서 찾았습니다.

(14:29) 노하기를 더디하는 자는 크게 명철하여도 마음이 조급한 자는 어리석음을 나타내느니라

(12:16) 미련한 자는 분노를 당장에 나타내거니와 슬기로운 자는 수욕을 참느니라

(15:18) 분을 쉽게 내는 자는 다툼을 일으켜도 노하기를 더디하는 자는 시비를 그치게 하느니라

(16:32) 노하기를 더디하는 자는 용사보다 낫고 자기의 마음을 다스리는 자는 성을 빼앗는 자보다 나으니라

(25:8) 너는 서둘러 나가서 다투지 말라. 마침내 네가 이웃에게서 욕을 보게 될 때에 네가 어찌할 줄을 알지 못할까 두려우니라

(29:20) 네가 말이 조급한 사람을 보느냐 그보다 미련한 자에게 오히려 희망이 있느니라

사울 왕이 생각납니다. '조금만 참고 기다렸더라면, 하나님에 대하여 더 많이 알았더라면….' 하는 안타까움으로 바라보게 되는 인물입니다.

(10:8) 너는 나보다 앞서 길갈로 내려가라 내가 네게로 내려가서 번제와 화목제를 드리리니 내가 네게 가서 네가 행할 것을 가르칠 때까지 칠 일 동안 기다리라

(13:8) 사울은 사무엘이 정한 기한대로 이레 동안을 기다렸으나 사무엘이 길갈로 오지 아니하매 백성이 사무엘에게서 흩어지는지라

(13:9) 사울이 이르되 번제와 화목제물을 이리로 가져오라 하여 번제를 드렸더니

결국 기다리지 못하고, 주님의 명령을 지키지 아니하여 하나님으로부터 버림받게 되는 사울 왕입니다.

오늘은 우리 자신을 주님 손 위에 올려드리고 기도해보심 어떠실까요? 부족한 우리를 언제나 어느 때나 사랑하시는 주님께 감사함으로 오늘 하루를 보내심 어떠실까요?

오늘은 우리 자신을 주님 손 위에 올려드리고 기도해보심 어떠실까요?
부족한 우리를 언제나 어느 때나 사랑하시는 주님께
감사함으로 오늘 하루를 보내심 어떠실까요?

기가 막힌 아들의 기도

모처럼 군에 있는 아들에게 전화를 했습니다. 요즘은 특정한 시간대에는 전화통화가 가능합니다. 실제로 해보니 참으로 신기합니다. 군인 아버지를 보며 자랐던 저로서는 세상이 확실히 변했음을 느낍니다.

아들에게 이것저것 묻다가 드디어 하고 싶은 이야기를 꺼냅니다. 요즘 교회는 가는지, 기도는 하는지 《성경》은 읽는지 물어봅니다. 지난주에 갔는데 발목을 다쳐서 깁스를 해서 이제는 못 간다고 하는 말에 걱정보다는 기분이 상해버렸습니다. 또 핑계를 대는 것 같아서 말입니다.

아들 눈치를 보면서도 하고 싶은 말을 계속합니다. 하나님께 가까이 가야 한다고 그렇지 않으면 자꾸 멀어져서 나중에 돌아오려면 힘들어진다고…. 하늘의 지혜는 지식을 통해서 얻을 수 없고 오직 하나님을 통해서만이 가질 수 있으니 명심해야 한다고 하니, 또 엄마의 잔소리로 생각했는지, 엄마가 생각하는 것보다 훨씬 하나님을 의식하고 있다며 걱정하지 말라고 합니다.

긴 이야기 끝에 전화를 끊어야 할 무렵, 아들에게 부탁합니다. 우리 서로 기도하고 끊자고 제안하니 순순히 따라 합니다. 아들이 먼저 시작합니다. 그런데 아들의 기도를 듣다 보니 기가 막힙니다. "하나님, 일주일에 한 번 정도는 하나님 만나러 교회에 가야 하는데 그렇지 못해서 죄송합니다."라는 겁니다.

아니 하나님을 일주일에 한 번씩 만나다니요.

"하나님은 늘 네 곁에 계시거든. 언제든 하나님을 만날 수 있거든. 다만 교회는 하나님의 집이니 우리가 주일에 가서 뵙는 거야."

제 속이 타들어 갑니다. 또 있습니다. "자기가 힘들 때, 가끔 부탁드릴 테니 한 번 정도 도와주세요." 하는 겁니다. 아니 이렇게 하나님을 모르다니요. 저를 눈동자처럼 지키고 계신 하나님을 몰라도 저렇게 모를 수가 있습니까?

아들의 기도가 끝나자마자 참지 못하고 "어쩜 하나님을 그렇게 모르니 하나님은 늘 네 곁에 계시고, 너를 눈동자처럼 지키시고, 너를 너무 사랑해서서 잠도 못 주무시거든. 그런 하나님이 너의 기도를 들으시면 무지 섭섭하시겠지, 말 한마디로 천 냥 빚도 갚는다는데 앞으로 하나님 섭섭하게는 하면 안 되겠지?" 했더니, "그러겠네요." 하면서 알겠다고 합니다.

그리고 제가 기도해주고 모자지간의 대화를 마쳤습니다. 아들의 말 한마디 한마디에 엄마인 저도 때로 얼마나 섭섭한데, 하나님께서 우리 기도를 들으시다가 섭섭하실 때가 얼마나 많을까 생각하게 되었습니다. 그래도 아들이 전화로 기도하고 아멘 하니 전화 끊고 나서는 참 좋았습니다.

아들에게 말해주었던 《성경》 구절입니다.

시편

(17:8) 나를 눈동자 같이 지키시고 주의 날개 그늘 아래에 감추사

엄마와 할머니가 너를 위해 늘 기도하는 제목이라고, 멀리 떨어져 있어도 하나님이 엄마 대신해서 너를 눈동자같이 지키신다고, 걱정하지 말라고, 하나님께 가까이 가기만 하면 된다고, 교회는 꼭 가야 한다고 큰 소리로 다시 말해줍니다.

지혜는
어디로부터 오는 것일까?

벌거벗은 코뿔소라는 동화가 있습니다. 옛날에 누구도 적수가 되지 않는 몸이 완벽한 코뿔소 한 마리가 살고 있었습니다. 성질도 워낙 고약하여 작은 일로 싸움을 걸어 이 코뿔소에게 걸리기만 하면 어린 동물들뿐만 아니라 누구라고 목숨이 위태로울 지경에 이릅니다.

어느 날 동물들이 밀림의 평화를 위해 코뿔소를 무찌르기 위한 회의를 열었습니다. 여러 의견들이 난무합니다. 여럿이 덤비는 것은 비열하고 파렴치한 일이니 안 된다느니, 맨 앞에 선 동물이 희생을 당할 것이 뻔한데 누가 나서겠느냐며 포기하자는 의견까지 나옵니다.

그러다 황새가 앞에 나서며 말했습니다.

문제를 해결할 수 있는 사람은 지식을 갖춘 자가 아니라

지혜로운 사람이어야 한다는 것입니다.

그렇다면 그 지혜는 어디로부터 오는 것일까요?

역시 하나님입니다.

"친애하는 참석자 동료 여러분 저의 절대적으로 결정적인 의견에 따르면 우리가 당면한 문제는 오로지 병리현상학적인 방법과 수단에 의해서만 해결할 수 있을 것입니다. 제가 이미 세계적으로 알려진 카타초고주파적 아씨포를라시스 데브로 필리의 스켈프로미아에 대한 논문에서도 밝힌 바 있듯이…."

황새는 계속해서 어려운 말만 하고, 동물들은 그의 말에 한숨만 쉬었습니다. 참다못한 사자가 간단하게 어떻게 하자는 거냐고 묻자 황새는 더듬거리며 코뿔소와 합리적으로 평화적으로 대화를 나누어야 한다고 말합니다. 그 말을 듣고 하이에나가 그럼 직접 해보라며 비웃습니다. 황새는 자기는 연구에만 몰두하는 사람이기 때문에 실제적인 행동은 할 수 없다고 뒤로 물러납니다. 결국 황새의 제안도 없던 것으로 됩니다.

황새를 사람으로 비유해보면 지식이 많고 공부를 많이 한 사람이나, 일류대학을 나왔지만 어떤 문제에 부딪혔을 때 전혀 맥락을 잡지 못하고 문제를 해결하기보다는 더 망치게 만드는 사람들을 연상하게 합니다. 실제로 문제를 해결해야 할 때, 전혀 도움이 안 되는 사람들이지요.

이 동화를 읽으면서, 깨닫게 된 한 가지가 있습니다. 문제를 해

결할 수 있는 사람은 지식을 갖춘 자가 아니라 지혜로운 사람이
어야 한다는 것입니다. 누구나 아는 이야기이지만 동화를 통해
서 더욱 확실하게 느껴집니다. 그렇다면 그 지혜는 어디로부터
오는 것일까요?

《성경》을 찾았습니다.

열왕기상

(4:29) 하나님이 솔로몬에게 지혜와 총명을 심히 많이 주시고 또
넓은 마음을 주시되 바닷가의 모래 같이 하시니

(4:30) 솔로몬의 지혜가 동쪽 모든 사람의 지혜와 애굽의 모든 지
혜보다 뛰어난지라.

역시 하나님입니다.

나라를 위한 기도

청기즈칸이 종교로서 기독교를 좋아했고, 아들들을 기독교 여성들과 결혼을 시켰고, 손자손녀들에게 기독교 교육을 시켰다는 자료를 보게 되었습니다. 문득 '이 영웅도 사람이 아닌 하나님이 이 세상을 움직이고 있다는 것을 깨달았던 자였구나.' 하는 생각이 스쳐 지나갑니다.

세계를 통일한 불세출의 영웅이었던 자가, 하나님 예수님을 인정했다는 생각에 마음이 벅차오르기까지 합니다. 통일과 분열, 반복되는 인간의 역사를 들여다보면, 그 중심에 결국은 하나님이 계심을 인정할 수밖에 없습니다.

독일의 통일에 대하여도 많은 분들이 증언합니다. 하나님의 선물이라고요. 그 증거를 소개합니다. 독일 헌법에 있다는 독일 연방공화국 총리의 취임선서문인데요. 놀랍게도 하나님이 나옵니다.

나는 독일 국민의 안녕 및 복리 증진 그리고 이를 해하는 것
들을 막는 데에 전력을 다하고, 기본법 및 연방법을 준수하고
수호하며, 직무를 성실하게 수행하고 모두를 공평하게 대할
것을 엄숙히 선서합니다.
그러니 하나님, 저를 도우소서.

많이 부럽습니다. 분열된 대한민국, 통일된 대한민국을 위하
여 더 기도해야겠습니다. 다윗이 한 기도를 대한민국으로 바꾸어
서 기도해야겠습니다.

사무엘하

(7:23) 땅의 어느 한 나라가 주의 백성 이스라엘과 같으리이까
하나님이 가서 구속하사 자기 백성으로 삼아 주의 명성을 내시
며 그들을 위하여 큰일을, 주의 땅을 위하여 두려운 일을 애굽
과 많은 나라들과 그의 신들에게서 구속하신 백성 앞에서 행하
셨사오며
(7:24) 주께서 주의 백성 이스라엘을 세우사 영원히 주의 백성으

로 삼으셨사오니 여호와여 주께서 그들의 하나님이 되셨나이다

나라를 위하여 집중기도 하는 하루라 고맙습니다.

길이 내게 물었다
그분을 보았냐고

초판 1쇄 인쇄 _ 2024년 11월 10일
초판 1쇄 발행 _ 2024년 11월 15일

지은이 _ 정미경

펴낸곳 _ 바이북스
펴낸이 _ 윤옥초
책임 편집 _ 김태윤
책임 디자인 _ 이민영
책임 영상 _ 고은찬

ISBN _979-11-5877-381-6 03230

등록 _ 2005. 7. 12 | 제 313-2005-000148호

서울시 영등포구 선유로49길 23 아이에스비즈타워2차 1005호
편집 02)333-0812 | 마케팅 02)333-9918 | 팩스 02)333-9960
이메일 bybooks85@gmail.com
블로그 https://blog.naver.com/bybooks85